Heike Scheerer-Buchmeier
Melanie Merx-Wolters

Erlebnis Eifel

111 Ausflugstipps für die ganze Familie

Heike Scheerer-Buchmeier
Melanie Merx-Wolters

Erlebnis Eifel

111 Ausflugstipps für die ganze Familie

J.P. Bachem Verlag

Für unsere Kinder
Emma, Eva Lotte, Jacob, Juliane,
Matthias, Paul, Peter und Samuel

Bibliografische Information Der Deutschen Bibliothek
Die Deutsche Bibliothek verzeichnet diese Publikation in der Deutschen Nationalbibliografie; detaillierte bibliografische Daten sind im Internet über **http://dnb.ddb.de** abrufbar.

5. Auflage 2007

Lektorat: Frauke Severit, Köln
Umschlag, Satz und Innenlayout: Barbara Meisner, Düsseldorf
Reproduktionen: Reprowerkstatt Wargalla, Köln
Druck: Grafisches Centrum Cuno, Calbe
Printed in Germany
ISBN 978-3-7616-2075-5

www.bachem.de

INHALT

Über unser Buch

Eifeler Seenplatte – Talsperren in der Nordeifel

Nur eine halbe Stunde von den rheinischen Großstädten entfernt beginnt der große Naturspielplatz Eifel. Hier haben Familien und Gruppen mit Kindern jeden Alters unendlich viele Möglichkeiten: Sie können Vulkane besteigen, über 250 Millionen Jahre alten Meeresgrund wandern, durch die Kaiserstadt Aachen bummeln, Spuren der Römer finden, in ein Bergwerk einfahren, mittelalterliche Burgen und Kirchen besichtigen und vieles, vieles mehr.

Dieses Buch ist gedacht für alle, die in der Eifel mit Kindern leben oder unterwegs sind. Urlauber finden umfangreiche Tourenvorschläge, Städter ein Ausflugsziel für das Wochenende, Schulklassen Material für Exkursionen und Wochenendhausbesitzer Tipps für den Sonntagsspaziergang. Die Eifelbewohner können spannende Seiten ihrer Eifel neu entdecken.

Alle herkömmlichen Sehenswürdigkeiten und Freizeitangebote wurden aufgenommen. Darüber hinaus enthält das Buch viele Wandervorschläge, bei denen der Natur- und Kulturraum der Eifel im Vordergrund steht, denn die Eifel ist vor allem eine vielfältige Naturlandschaft. Wir wissen aus eigener Erfahrung, dass Wandern mit Kindern Spaß macht, aber kurz und spannend sein muss. Deshalb haben wir Wanderstrecken von höchstens 4 km Länge ausgesucht, die alle eine Attraktion beinhalten und ohne Pause in höchstens zwei Stunden zu bewältigen sind. Die Rundstrecken haben wir so ausgesucht, dass sie an für Kindern interessanten und für die Eifel typischen Sehenswürdigkeiten vorbeiführen. Wer mit unseren Touren kreuz und quer durch die Eifel fährt, wird bald die vielen roten Fäden erkennen, die Landschaft, Wirtschaft und Geschichte der Eifel miteinander verbinden.

Neben vielen praktischen Tipps – wie Öffnungszeiten und E-Mail-Adressen – werden in diesem Reiseführer Geschichten und Legenden berücksichtigt und erzählt, die für die Eifel typisch sind. Außerdem werden die historischen und geographischen Hintergründe erläutert, soweit dies für das Verständnis der Zusammenhänge erforderlich ist.

Zu jeder Region gibt es mehrere Tourenvorschläge, die im Baukastensystem aufgebaut sind und durch die Extras beliebig ergänzt werden können. Daneben informieren wir für jede Region über viele weitere Freizeitangebote, die ebenfalls kombiniert werden können, sich aber auch besonders für kleinere Ausflüge anbieten.

Viel Spaß wünschen Ihnen

Heike Scheerer-Buchmeyer und Melanie Merx-Wolters

Die Eifel – vielfältig und bunt!

Die Eifel

Etwas Geschichte und etwas Erdkunde vorweg Nicht nur für Erwachsene

Die Eifel ist der nordwestliche Teil des Rheinischen Schiefergebirges. Nicht immer war hier ein Gebirge. Vor etwa 360 Millionen Jahren, im Devon – als es noch nicht einmal Dinosaurier gab, sondern nur Fische, einige Amphibien und Insekten – gehörte das ganze Gebiet noch zum Meer, dem so genannten „Devon-Meer".

Am Meeresboden lagerten sich Sedimente ab, wie z. B. Sand oder auch tote Meerestiere. Mit der Zeit wurden diese Ablagerungen sehr fest und bis zu einige tausend Meter dick. Aus den abgelagerten Meerestieren wurden Fossilien, die man heute vor allem in der südlichen Eifel sehr oft finden kann. Durch Erdbewegungen sind diese Sedimentschichten dann aufgeschoben und zusammengedrückt worden, wodurch sich Falten gebildet haben. Der Meeresboden war also sehr „gebirgig". Dass es dieses Meer tatsächlich gegeben hat, kann man bei Gerolstein sehen, denn dort gibt es ein Korallenriff.

Wie aber kam es nun, dass aus einem Meer ein Gebirge entstand? Vor etwa 160 Millionen Jahren, im Jura, als auf dem Land die größten Landtiere aller Zeiten regierten, die Dinosaurier, hatte sich die Eifel schon aus dem Meer emporgehoben. Der Meeresboden war zu festem Land geworden.

Der ehemalige Meeresboden war durch die vielen Faltungen sehr gebirgig. Aber wenn man heute durch die Eifel fährt, stellt man fest, dass die Eifel kein richtiges Gebirge mit hohen Bergen und tiefen Tälern ist. Vielmehr ist die Eifel eine Hügellandschaft. Dies geschah durch eine Art Abtragung, von den Wissenschaftlern „Denudation" genannt: Mit der Zeit hatten nämlich fließendes Wasser und Winde die Berge Stück für Stück abgetragen. Die Eifel ist dadurch immer flacher geworden.

Man kann sich nur sehr schwer vorstellen, dass die kleinen Flüsse in der Eifel so viel Geröll wegtransportiert haben. Vor 100 Millionen Jahren waren die Flüsse aber erheblich größer als heute.

Auch das Klima war zu dieser Zeit anders. Es war so, wie heute in den Subtropen und Tropen, also sehr warm und feucht. Es regnete viel und heftig. Daher führten die Flüsse damals sehr viel mehr Wasser. In dieser Zeit gab es auch große Urwälder, und zwar an den Stellen, wo heute

Braun- und Steinkohle abgebaut wird. Neben den vielen Hügeln gibt es in der Eifel aber auch einige Berge. So z. B. die Hohe Acht, der höchste Berg der Eifel. Er ist 747 m hoch.

Diese Berge sind erloschene Vulkane. Erdgeschichtlich sind sie noch sehr jung. Sie sind „erst" vor etwa 700.000 Jahren entstanden. Vulkane kann man sich als lebende, feuerspuckende Berge vorstellen. Der Name Vulkan kommt aus dem Lateinischen. Die Römer glaubten, dass der Gott Vulkanus sich im Krater eines tätigen Vulkans eine Schmiede eingerichtet hatte. Deshalb nannten sie diesen Berg Vulkano.

Das glühende, oft sogar geschmolzene Gestein, die Asche und die Gase, die der Vulkan ausstößt, kommen aus dem Erdinneren. Dort ist es viele Tausend Grad heiß, und deshalb schmilzt an manchen Stellen das Gestein. Es entstehen so genannte Magmakammern. Wenn die Erdkruste Risse hat, kann an diesen Stellen das Magma austreten. Es steigt in Schloten auf und wird durch Gasdruck an die Oberfläche geschleudert. Wenn das Magma an die Erdoberfläche tritt, heißt es nicht mehr Magma, sondern Lava. Lavaströme können Geschwindigkeiten von 60 Stundenkilometern erreichen.

Die Lava kann aber auch in Form von Basaltbrocken, vulkanische Bomben genannt, oder als feiner Staub (Vulkanasche) hinausgeschleudert werden. Eine dieser Basaltbomben ist bei Strohn in der Südeifel zu sehen. Von diesen Vulkanausbrüchen gab es in der Eifel über 150. Der letzte große ereignete sich vor etwa 10.000 Jahren. An dieser Stelle ist jetzt ein See, der Laacher See.

Es gibt sehr viele Vulkanseen in der Eifel, vor allem in der Süd- und Osteifel. Die meisten von ihnen sind die so genannten Maare. Diese Maare sind die Krater von Vulkanen, die nie richtig Lava gespuckt haben. Bei ihnen gab es nur eine große Explosion. In einigen Fällen ist Regenwasser durch den Boden gesickert und

Zeitalter		Beginn vor
NEUZEIT Quartär	Mensch	1,0 Mio. Jahren
Tertiär	Vögel und Insekten Säugetiere	70 Mio. Jahren
MITTELALTER Kreide	Früheste höhere Säugetiere	135 Mio. Jahren
Jura	Älteste Knochenfische, Urvögel, Flugsaurier	180 Mio. Jahren
Trias	Erste Säugetiere	220 Mio. Jahren
ALTERTUM Perm	Entfaltung der Saurier	275 Mio. Jahren
Karbon	Erste Reptilien Urinsekten	350 Mio. Jahren

▲ Erdgeschichtliche Zeittafel

Die Entstehung eines Maares

irgendwann auf Magma gestoßen, wodurch es zu der gewaltigen Explosion kam. In anderen Fällen ist das Magma aufgestiegen und an das Grundwasser gestoßen, das unter der Erde in Spalten fließt. Maare entstanden also immer dann, wenn Wasser und Magma, eine sehr heiße Substanz, zusammentrafen und es dadurch zu einer Explosion kam. Dies ist ein physikalisches Gesetz, dass sich auch immer dann beobachten lässt, wenn man z. B. Wasser in eine Pfanne mit heißem Fett schüttet. Es kommt dann zu einer ziemlich lautstarken Verdampfung. Die Vulkanexplosionen in der Eifel waren natürlich viel heftiger.

Die entstandenen Maare haben meistens einen Wall um sich liegen. Er ist aber nicht aus Lava, sondern nur aus normalem Gestein, das zwischen der Explosionsstelle und der Erdoberfläche lag. Dieses ist durch den Druck nach oben geschleudert worden. Manchmal ist der Kraterboden wasserundurchlässig geworden. Dann konnte sich das Regenwasser darauf sammeln, sodass Seen entstanden sind. In der Eifel gibt es acht solcher Maarseen und außerdem noch über 40 Maare, die nicht mit Wasser gefüllt sind.

Der Vulkanismus in der Eifel hat uns eine prickelnde Köstlichkeit hinterlassen: die Mineralwasserquellen! Die Kohlensäure, die in der Vulkaneifel austritt, ist sozusagen der letzte Hauch der Vulkane.

Das Basaltgestein, das aufgrund des Vulkanismus in der Eifel entstanden ist, wurde von den dort lebenden Menschen für viele verschiedene Zwecke verwendet. So bauten bereits die Römer ihre Straßen aus Basaltsteinen, und auch die viel später benutzten Kopfsteinpflaster sind aus diesem Gestein. Die Müller in der Eifel brachen aus dem Basaltgestein ihre Mühlsteine heraus, mit denen sie in Wind- und Wassermühlen das Korn mahlten.

Wer „der erste Eifeler" war, weiß man nicht so genau. Aber schon vor 100.000 Jahren lebten in der Eifel Steinzeitmenschen. Sie waren Jäger und Sammler. Man hat ihre Waffen und Werkzeuge in Höhlen gefunden. Die Eifel gehörte damals zur Tundra. Die Tundra ist das Gebiet, das vor der Grenze zum „Ewigen Eis" liegt. Hier gibt es nur wenige Bäume. Typisch sind ihre großen Rentierherden. Die Tundragebiete sind heute viel weiter im Norden, so etwa in Norwegen, in Kanada und auch in Russland.

Als die Eiszeit zu Ende ging und das Eis noch weiter zurück wich, änderte sich das Klima in der Eifel. Es wurde viel wärmer, und die Tundra mit ihren großen Herden verlagerte sich nach Norden. Weil es in der Eifel nicht mehr genug Nahrung gab, zogen viele Jäger den Herden nach, – nur sehr wenige Menschen blieben in der Eifel.

Vor etwa 7.000 Jahren kamen die ersten Bauern in die Eifel. Sie stammten aus dem Orient, wo der Anbau von Getreide „erfunden" worden war. Sie vermischten sich mit den Jägern der Eifel und lebten sehr friedlich in kleinen Bauerndörfern.

Vor 2.000 Jahren kamen schließlich die Römer und mit ihnen der Fortschritt. Sie bauten viele Straßen und Wasserleitungen, auch Landgüter, die „villa" genannt wurden, und kleine Städte. Sie errichteten unzählige Tempel und Heiligtümer zu Ehren ihrer Götter. Die Quellen nutzten sie für ihre Bäder. Im 5. Jahrhundert eroberten die Germanen die Eifel, die Römer zogen sich wieder zurück. Mit der Herrschaft der Franken wurde die Eifel deutsches Land. Die „silva arduenna" (Ardennenwald) – den Namen hatte ihr Cäsar gegeben – lag mitten im fränkischen Stammland.

Vor etwa 1.300 Jahren kam mit den Karolingern eine Blütezeit für die Eifel. Einem Teil des Ardennenwalds wurde der Gauname „pagus eflensis" gegeben, der sich später, auf das ganze heutige Gebiet übertragen, zu „Eifel" weiterentwickelte. Klöster wurden gegründet, die Bevölkerung wurde wieder besser versorgt. Einer der Herrscher zu dieser Zeit war Karl der Große, der in Aachen lebte und dort seine Kaiserbauten errichten ließ.

Die darauf folgende Zeit war die der Ritter und ihrer Burgen. Die Burgen waren meistens die Herrschaftszentren eines Gebiets. Der Burgherr war Richter, Polizist und Kassierer für die Abgaben seiner Untertanen in einer Person. Der König verteilte das Land als Gegenleistung für bestimmte Dienste. Man nennt dieses System das Lehnsystem.

Kasselburg bei Gerolstein

Im Mittelalter entstanden neue Siedlungen in der Eifel. Hierfür wurden viele Wälder gerodet, also abgeholzt. In der Eifel finden sich zahlreiche Ortsnamen mit den Endungen -rath, -roth, -berg, -scheid, -holz, -bach oder -born. Sie sind alle ein Zeichen dafür, dass diese Orte durch eine Rodung im Mittelalter entstanden sind.

Die Menschen lebten zumeist von der Landwirtschaft, obwohl die Böden sehr schlecht waren. Bekannt war die Eifel aber auch für ihre Tuchmacher, die Stoffe herstellten und die Gerber, die Tierhäute zu Leder weiterverarbeiteten. An vielen Stellen wurden Bodenschätze abgebaut. Sie wurden in den Eisenhütten um Jünkerath und Eisenschmidt benötigt.

Nach der Aufteilung des Reichs Karls des Großen begannen die Gaugrafen ihre Bezirke als ihr Eigentum anzusehen. Sie teilten sie unter ihren Verwandten auf. In dieser Zeit begann der Bau der vielen Eifelburgen, von denen allein für das 11. und 12. Jahrhundert 140 nachgewiesen sind. In den auf das Mittelalter folgenden 300 Jahren wurde die Eifel Schauplatz, Hinterland oder Durchzugsgebiet zahlreicher Kriege. Wer nicht der Pest zum Opfer gefallen war, wurde von den durchziehenden Truppen ausgeplündert oder gar getötet.

Schließlich gehörte die Eifel ab 1815 zu Preußen. Die Preußen bauten neue Straßen und 1870 eine Eisenbahnstrecke zwischen Köln und Trier. Zu dieser Zeit wuchs die Bevölkerung sehr stark an. Dadurch konnten nicht mehr alle Menschen genug Arbeit oder gar zu Essen bekommen, und viele zogen weg. Die Bewohner ganzer Dörfer sind damals nach Amerika ausgewandert. Im Zweiten Weltkrieg stand die Eifel im Mittelpunkt der Ardennenoffensive. Nahe der belgischen Grenze, vor allem bei

Aachen, befinden sich noch Reste des Westwalls. Er wurde damals von den Deutschen als Panzersperre errichtet. Der Westwall sieht aus wie mehrere Zickzack-Linien aus Beton hintereinander.

Die Spuren, die die Menschen hinterlassen haben, erkennt man aber auch an der Vegetation, also an der Pflanzenwelt, ganz deutlich: Die „Urwälder" sind mit der Zeit abgeholzt worden. Die Menschen brauchten freie Flächen, um dort ihre Dörfer zu bauen, und das Holz nahmen sie als Baumaterial oder Brennholz. Auch die Kohlenmeiler benötigten viel Holz, um daraus Holzkohle herzustellen. Auf den gerodeten Flächen ließen dann die Bauern ihre Schweine und Schafe weiden. Nachwachsende Pflanzen wurden sofort abgefressen. Die einzigen Pflanzen, die auf den so genannten Eifelheiden wachsen konnten, waren solche, die den Schafen nicht schmeckten. Zu diesen Pflanzen gehören der Wacholder mit seinen stacheligen Nadeln und der Besenginster, der im Frühling gelb blüht und deswegen auch Eifelgold genannt wird.

Die vielen Nadelwälder, die sich heute in der Eifel befinden, sind sehr viel später entstanden. Erst vor etwa 150 Jahren haben die Preußen die Heiden mit Fichten bepflanzt. Die Bauern hielten nicht sehr viel von dieser Aufforstungsmaßnahme, da sie nun weniger Weiden für ihre Schafe hatten. Sie nannten die verhassten Fichten deswegen häufig „Preußen-Bäume". Heimlich steckten sie die Fichtensamen vor der Aussaat in den Backofen, um sie keimunfähig zu machen.

Heute erkennt man, dass diese Monokulturen – das sind Wälder, in denen nur eine Baumart wächst – viele Nachteile haben. Die schön ordentlich stehenden Fichten sind sehr windempfindlich. Wenn man durch die Eifel fährt, sieht man riesige Kahlschläge. Das sind die Folgen der Herbst- und Winterstürme, die in den letzten Jahren sehr stark waren und die Bäume einfach entwurzelt haben.

Bei der neuen Aufforstung möchte man die Fehler von damals nicht wiederholen. Es werden Mischwälder mit verschiedenen Laub- und Nadelbäumen angepflanzt – Hoffnung auf einen wiederbelebten „Urwald".

▲ „Eifelgold" – Besenginster in voller Blüte

Ferienspass für Kinder

In der Eifel könnt ihr wandern, Handwerkern bei der Arbeit zuschauen oder euch auf die Suche nach Spuren von Neandertalern, Römern oder Rittern begeben. Vielleicht möchtet ihr ab und zu schwimmen oder ins Kino gehen? Es ist alles möglich, wenn auch nicht gleich immer um die nächste Ecke herum.

Vielleicht habt ihr beim Wort „wandern“ laut aufgestöhnt? Nicht nötig! Wandern kann nämlich ganz spannend sein. Gerade in der Eifel könnt ihr auf den Touren manche Ritterburg, Höhle oder High-Tech aus der Römerzeit und unseren Tagen am Wegesrand erkunden oder noch „Wald pur“ erleben.

Wenn ihr einen unserer Wandervorschläge ausgesucht habt, helfen euch unsere Beschreibungen, die Wanderstrecke selbst zu bestimmen. Vielleicht besitzt ihr auch noch eine Wanderkarte und vergleicht damit. Am besten ist eine Karte mit dem Maßstab 1:25.000. Mit Hilfe einer solchen Karte könnt ihr auch selbst Wege aussuchen. Vier Zentimeter auf der Karte entsprechen einem Kilometer in der Natur. Spannender werden die Wanderungen, wenn ihr euch von den folgenden Vorschlägen noch den einen oder anderen aussucht.

Unsere Tipps:

Tiere suchen: Bitte sehr behutsam sein!

- Fährten von Schwarz- und Rotwild, Füchsen, Dachsen, Hasen und Vögeln erkennen,
- Tierwohnungen entdecken, z. B. Vogelnester, Fuchs-, Dachs- und Kaninchenbauten, Maulwurfshügel, Ameisenhügel, Sausuhlen und Ruheplätze des Rotwilds (erkennbar am zerdrückten Gras),
- Vögel beobachten. In der Eifel sieht man häufig Raubvögel. Besonders gut im Flug zu erkennen ist der Rotmilan wegen seines gegabelten Schwanzes. Er wird deshalb auch Gabelweihe genannt.

Ameisen-Spass: Wenn ihr Glück habt, findet ihr vielleicht einen Ameisenhaufen im Wald. Dann könnt ihr euch einen kleinen Spaß erlauben und diese fleißigen Tierchen ein bisschen ärgern. Ameisen sondern nämlich zur Verteidigung aus einer Drüse an ihrem Hinterleib ein scharfes Sekret ab, die so genannte Ameisensäure, die in Kombination mit einem Ameisenbiss auch ziemlich brennt. Wenn ihr jetzt noch eine violette Blüte findet und sie an den Ameisenhaufen haltet, bekämpfen die kleinen Tierchen den vermeindlichen Eindringling sofort und bespritzen die Blüte mit ihrer Säure. An den Stellen, an denen die Blüte getroffen wurde, färbt sie sich rot!

▲ Wer kriecht denn da?

MÜCKENLARVEN BEOBACHTEN:

Im Hochsommer legen die Mückenweibchen ihre Eier in winzigen Paketen auf der Wasseroberfläche ab. Diese so genannten „Schiffchen" lassen sich in fast jeder Regenpfütze entdecken. Mit einer Lupe kann man diese etwa streichholzkopfgroßen Gebilde am besten bewundern. Jedes Ei hat an der Unterseite eine Art Falltür, durch die die schlüpfende Larve ins Wasser entweichen kann. Mit einem Teesieb könnt ihr die Larven fangen und in einem mit Wasser gefüllten Glas genauer beobachten. Sie flüchten zuerst an den Boden des Glases und formieren sich später wieder an der Wasseroberfläche.

PFLANZEN ERKENNEN:

- In der Eifel gibt es viele seltene Wildblumenarten, z. B. Orchideen. Natürlich verraten die Kenner der besten Orchideenwiesen ihre Fundorte nicht. Zu oft schon ist ein Bus mit Urlaubern gekommen, und die Leute haben eine Wiese erbarmungslos niedergetrampelt. Also: Sucht eure eigene Wiese und geht vorsichtig mit den Blumen um. Alle Orchideen stehen unter strengem Naturschutz! Am besten findet ihr Orchideen auf den trockenen Kalkwiesen der Südeifel.
  Spannend ist es auch, Giftpflanzen kennen zu lernen. Häufig sieht man am Wegesrand z. B. Herbstzeitlose, Aaronstab, Schierling und Zaunrübe, alles tödlich giftige Pflanzen. Leicht bestimmen lassen sich auch Bäume aufgrund von Blättern, Rinde, Früchten und Umriss.
- Im Spätsommer könnt ihr viele Pilze finden. Besonders leicht erriechen lässt sich die Gemeine Stinkmorchel, die manchmal in eine Wolke von Fliegen eingehüllt ist. Ein häufiger, gut essbarer Pilz ist in der Eifel die Marone; auch Steinpilze sind leicht zu finden. Wer Pilze zum Verzehr sammelt, muss sich gut auskennen. Also unbedingt einen Fachmann fragen! In einigen Urlaubsorten gibt es Pilzberater, die eure Pilze gerne begutachten. Außerdem gibt es geführte Pilzwanderungen. Die Fremdenverkehrsbüros helfen weiter.

- Auch Wildkräuter kann man bestimmen und vielleicht mitnehmen. Im Frühling pflücken die Eifelfrauen junge Löwenzahnblätter, aus denen sie den Eifler „Wiesensalat" zubereiten.
- Schließlich könnt ihr Blumen und Kräuter mitnehmen, pressen und ein Herbarium anlegen.

Eine eigene kleine Eifel-Wiese säen: Ihr fragt euch, wie ihr an all die Samen kommen sollt, die ihr für solch eine Wiese benötigt? Ganz einfach: ihr zieht euch an einem Sommertag einfach dicke Wollsocken an und lauft dann ohne Schuhe über eine schöne Wiese. Was nämlich sonst nur als lästiges Anhängsel an der Kleidung bleibt, ist in diesem Fall euer Saatgut!

Sammeln:

- Pilze und Kräuter sowie Blumen fürs Herbarium.
- Beeren: Zu entdecken gibt es Him-, Brom-, Wald- und Walderdbeeren. Ebenso Wacholder, Schlehen und Holunder. Allerdings sollten die Beeren wegen der Gefahr einer Infektion durch Fuchsbandwürmer besser gekocht und nicht roh gegessen werden. Achtung: Es gibt viele giftige Beeren!
- Steine sammeln: Die Eifel ist eine weltweit bekannte Fundgrube für Fossilien. Wenn ihr zu Hause ein Aquarium habt, dann lohnt es sich, einen Lavastein mitzunehmen.
- Bastelmaterial sammeln: Tannenzapfen, Eicheln, Kastanien, Federn, Binsen, Stöcke, Äste, trockene Blätter, Rinde ... In vielen Bastelbüchern finden sich Anleitungen, wie man aus diesen Materialien Tiere, Schiffe, Massagesäckchen, Wassermühlen, Ketten, Mobiles und vieles mehr machen kann.

Tannenzapfenrennen: Eierlaufen kennt ihr ja sicher. Im Wald könnt ihr dieses lustige Spiel mal mit Tannenzapfen spielen. Balanciert werden die Zapfen dabei nicht auf Löffeln, sondern auf kleinen Astgabeln. Mit diesem Spiel werden auch die Rückwege viel lustiger. Als extra Anreiz kann ja für den Besten ein Gewinn vereinbart werden.

Baumstämme am Wegesrand: Sicher kommt ihr bei euren Spaziergängen an gefällten Baumstämmen vorbei. Hier könnt ihr nicht nur toll balancieren, sondern auch einiges entdecken:

- z. B. lassen sich vor allem bei Nadelholz die Jahresringe sehr gut erkennen. Versucht doch einmal, das Alter der Bäume durch zählen der Jahresringe zu bestimmen. Außerdem kann jeder mal versuchen, sein Geburtsjahr zu finden und zu markieren!

Bäume zum Balancieren gibt es überall

- Kennt ihr schon das Baumtelefon? Nein? – Dann wusstet ihr auch nicht, dass Holz klingt. Wenn ihr mit dem Finger oder einem kleinen Stein an ein Ende des liegenden Baumstammes klopft, ist das Klopfen am anderen Ende gut zu hören. Manchmal könnt ihr die Schwingungen auch mit der flachen Hand spüren.
- Spannend ist es auch, sich den Baumstamm einmal genauer anzusehen. Auf der Oberfläche könnt ihr Moose, Flechten und manchmal sogar kleine Pilze entdecken. Noch spannender wird es, wenn ihr ein Stück der Rinde abschält. Ihr werdet überrascht sein, wie viele Kleintiere darunter leben. Ihr könnt sie mit eurer Becherlupe einfangen und genauer beobachten – doch denkt bitte wieder daran, sie anschließend wieder frei zu lassen!

WIE ALT SIND DIE WEIHNACHTSBÄUME? Das Alter von jungen Fichten könnt ihr sehr einfach an der Anzahl der Astkränze bestimmen. Jedes Jahr kommt nämlich ein Kranz dazu. Ihr müsst allerdings fünf Jahre dazurechnen für die Zeit, als die Fichte noch ein Sämling und Kleinstbaum war.

BÄUME LAUSCHEN: Bei dünnborkigen Laubbäumen, wie z. B. Birke, Ahorn oder Buche könnt ihr mit einem Stethoskop den aufsteigenden Saftstrom hören.

NATURERKENNUNGS- UND SUCHRALLYE: Auch ohne große Vorbereitungen lässt sich dies leicht durchführen. Fertigt einfach einen Suchkatalog an und nehmt für jeden, der mitmacht, eine Tasche mit. Beispiele fürs Sachensuchen: Eichenblatt, Kiefernzapfen, 100 gleich kleine Teile (Tipp: alte Tannennadeln), Hagebutte, roter Stein, weißer Stein usw.

STAUDAMMBAUEN: nachher wieder entstauen!

INSEKTEN-SCHÜTTELN: Um einmal zu sehen, was so alles in Büschen kreucht und fleucht, müsst ihr nur ein großes helles Tuch auf dem Boden ausbreiten. Dann schüttelt ihr heftig an dem Busch. Es ist schon erstaunlich, was da so alles herunterfällt. Mit einer Becherlupe könnt ihr die Insekten genauer betrachten und beobachten. Anschließend aber bitte wieder am Strauch freilassen!

SCHNITZELJAGD UND SCHATZSUCHE

Regenpfützen – nichts wie los!

UND BEI REGEN? Los geht's zum Pfützen waten, vorzugsweise in Gummistiefeln und Matschhosen!

Wer kann Wellen und Schlammwolken erzeugen oder gar einen Kanal zur benachbarten Pfütze bauen? Oder ihr könnt bei benachbarten etwa gleichgroßen Pfützen ein Pfützen-Wett-Entlehrungs-Spiel starten.

MALSACHEN MITNEHMEN: Vielleicht macht es euch (und euren Eltern) Spaß, auf einer Bank oder einem Baumstamm zu sitzen und ein bisschen zu malen. Als Motive eignen sich: Bäume, Landschaft, Tiere, Blumen. Als Material empfehlen wir Malblöcke mit stabiler Rückseite und ein Mäppchen mit Bleistiften verschiedener Härtegrade sowie Anspitzer und Radiergummi.

ZUM SCHLUSS NOCH EIN PAAR TIPPS FÜR DAS KOFFERPACKEN:

Nehmt für die Erkundung der vielen Höhlen eine Taschenlampe mit. Für das Picknicken oder zum Schnitzen kann man gut ein Taschenmesser gebrauchen. Auch eine Becherlupe ist sehr nützlich, um kleine Funde genauer zu untersuchen. Vielleicht probiert ihr einmal einen Kompass aus? Eine gute Ergänzung zu den Besichtigungstouren sind Sachbücher über

Spielen wie die Ritter

die Römer, das Leben im Mittelalter oder die Natur. Sehr praktisch ist auch ein Pflanzenbestimmungsbuch. Als Lesefutter eignen sich die Kinderkrimis von Jo Pestum (z. B. „Das Rätsel der Bananenfresser"), von denen viele in der Eifel handeln. Zahlreiche Romane gibt es auch über das Leben der Römer (z. B. „Caius"-Bücher von Winterfeld) und Ritter (z. B. „Robin Hood" von Tilman Röhrig). Mit der Eifel im Nationalsozialismus beschäftigt sich K. Schuberts Erzählung „Fluchtwege Eifel", und das mittelalterliche Leben in Himmerod wird geschildert in „Das Geheimnis der weißen Mönche" von Rainer M. Schröder.

Eifeler Wiesensalat

Man nehme:

5 Handvoll selbst gepflückte zarte Löwenzahnblätter
(tief unten über der Wurzel abschneiden),
3 hartgekochte Eier,
1 Pfund Kartoffeln,
250 ml Milch,
125 ml Sahne,
etwas Butter, Muskat,
Pfeffer und Salz, Essig und Öl, 1 Zwiebel

Löwenzahn

Zubereitung:

Zuerst wascht ihr die Löwenzahnblätter und lasst sie gut abtropfen. Dann werden sie in ganz schmale Streifen – quer zum Blatt – geschnitten. Die Kartoffeln schälen und in etwas Salzwasser gar kochen. Die Kartoffeln stampfen und mit Milch, Sahne, Butter und Muskat ein Püree zubereiten. Die Eier klein hacken. Aus Essig, Salz, Pfeffer, einer kleingehackten Zwiebel und dem Öl eine Salatsauce rühren und den Salat damit anmachen. Zum Schluss werden das Püree und die kleingehackten Eier unter den Salat gemischt und alles zu einer einheitlichen Masse verrührt.

Guten Appetit!

Rund um

Schleiden/ Gemünd in 3 Touren

NORDEIFEL

Tour 1
BAD MÜNSTEREIFEL

Tour 2
MONSCHAU

SCHLEIDEN

Tour 3
RÖMISCHE WASSERLEITUNG

WAS ES SONST NOCH GIBT

Tour 1

„Novum Monaterium in pago Eifel situm“

(„Das neue Kloster, im Lande Eifel gelegen“)

RÖMISCHE TEMPELANLAGEN
UND DIE MITTELALTERLICHE STADT BAD MÜNSTEREIFEL

Von Schleiden aus geht es über Kall und Sötenich Richtung Bad Münstereifel bis Pesch. Etwa 200 m hinter Pesch rechts abbiegen zum Parkplatz des römischen Tempelbezirks.
Vom Parkplatz aus geht es zu Fuß etwa 10 Minuten durch den Wald zum Heidentempel. Der Weg ist jedoch nicht für Kinderwagen geeignet!

Die Tempelanlage „Matronae Vacallinehae“ ist ein gutes Beispiel für den römischen Matronenkult, der sich in der Nordeifel mit den germanischen Bräuchen und Riten der hier lebenden Stämme vermischt hat. Verschiedene Gebäude- und Tempelreste können hier besichtigt und mit einem kleinen Spaziergang durch den Wald verbunden werden.

RÖMER UND GERMANEN – DIE TEMPELANLAGE „MATRONAE VACALLINEHAE“: HIER VERSCHMOLZEN RÖMISCHE UND GERMANISCHE RITEN.

Die Entstehung der Tempelanlage geht auf das 2. Jahrhundert zurück. Zu dieser Zeit lebten die Soldaten der römischen Legion I. mit ihren Familien friedlich in der Nähe von Bonn. Doch als Kaiser Marcus Aurelius Krieg gegen die Armenier führte, mussten auch sie in den Krieg ziehen. Die römischen Familien bauten daraufhin den „Muttergottheiten“, den Matronen, ein Heiligtum. Die Matronen sollten Haus, Hof, Familie und die Soldaten beschützen. Als Dank für den Schutz versprachen die Soldaten, den Matronen nach der gesunden Rückkehr einen Tempel zu bauen. Die Archäologen fanden viele Beweise für solche Gelübde. Eines lautete z. B.: „Wenn unser Vater, Centurio seines Zeichens oder Benefiziarier, heil aus dem Krieg zurückkehrt, werden wir euch einen schönen Stein setzen, gar einen Tempel erbauen“. Und so geschah es dann auch. Als die Krieger 164 n. Chr. zurückkehrten, erfüllten sie ihr Versprechen und bauten den Tempel. Aus Armenien wanderten aber nicht nur die Sieger nach Germanien, sondern auch die Pest, die 167 n. Chr. ausbrach und an der etwa jeder dritte starb.

Wieder blühte der römische Matronenkult auf. Dieser Kult war eng verwandt mit den germanischen Bräuchen und Riten. Unter Einfluss der Römer verschmolzen diese beiden Kulte miteinander, und auch heute noch stehen einige Bräuche der Eifel in Verbindung mit diesen alten Sitten. Oft ohne zu ahnen, wie alt ihre Feste schon sind, feiern die Eifeler nach den Jahreszeiten: Wenn der Winter ausgetrieben werden soll, steht der Karneval mit seinen altertümlichen Bräuchen auf dem Kalender. Höhepunkt des Bauernjahres ist der Erntedankzug. In den Kirchen werden dann Symbole der Fruchtbarkeit aufgestellt. Auch der Brauch des Maibaumsetzens ist auf den germanischen Baumkult zurückzuführen. Wenn ihr vor der Schutzhütte über die Tempelanlage blickt, seht ihr vor dem ersten Gebäude, der „Cella“, (unser Wort „Keller“ stammt daher) einen Weihestein (ungefähr 200 Jahre nach Christi Geburt entstanden). Auf ihm sind drei sitzende Göttinnen eingemeißelt, die Fruchtschalen halten. Sie heißen „Matronae Vacallinehae“, da die Matronen immer den Namen des jeweiligen Stammes trugen. In diesem Fall hieß er „Vacalli“. Neben der „Cella“ seht ihr einen ummauerten Hof, in dem Altäre aufgestellt wurden. Der daneben liegende Tempel, eine „Curia“, war für die Menschen bestimmt. Curia bedeutet Versammlungsraum. Hier trafen sich die Männer und verehrten die Matronengöttinnen und den römischen Gott Merkur. Dieser „Reisegott“ passte gut zum Kranichkult der hier lebenden Germanen. Sie verehrten den Kranich als Frühlings- und Herbstboten. Der Kranich kündete nämlich mit seiner Ankunft im Frühling den Beginn und mit seinem Abflug im Herbst das Ende der harten Arbeit der Bauern an. Auch die Römer verwendeten den Kranich in ihren Bräuchen. Ein Waffentanz, der den Balztanz der Kraniche nachahmte, gehörte nämlich zur Verehrung des römischen Gottes Merkur. Bei kultischen Festen und Veranstaltungen wurde dieser Tanz aufgeführt. Zu diesen Tänzen gab es Musik. Die Musiker spielten auf Flöten, die den langen schlanken Beinen der Kraniche ähnlich sahen und den Schrei dieser Vögel nachahmen sollten. Seid ihr schon einmal mit einem Lufthansa-Flugzeug geflogen? Auf dem Lufthansa-Logo befindet sich auch ein Kranich. Vielleicht hat das mit dem Reisegott Merkur und dem Kranich der alten Germanen zu tun ...?

Die Matronae Vacallinehae

Das kleine Gebäude links daneben war vermutlich ein Schuppen. Gegenüber könnt ihr eine Hecke sehen. Sie hat den Umriss der Wandelhalle, die dort stand und die etwa 120 m lang und 3 m breit war. Den Brunnen, der in dieser Wandelhalle war, könnt ihr dort noch sehen.

Weiter geht es der Beschilderung folgend nach Bad Münstereifel. Im Ortskern bei der römischen Glashütte parken.

▲ Fachwerkhäuser in Bad Münstereifel

Durch das Orchheimer Tor gelangt man in den historischen Stadtkern von Bad Münstereifel.

Auf der rechten Seite der Orchheimer Straße stehen einige Fachwerkhäuser, von denen das Windeckhaus das größte und auffälligste ist. Zwischen 1644 und 1664 wurde es von einem reichen Tuchhändler erbaut, der das untere Geschoss als Ladenlokal nutzte. Weiter geht es zur Erftbrücke, neben die Friedrich der Große im 18. Jahrhundert die Nepomuk-Kapelle bauen ließ. Nepomuk ist der Schutzpatron der Brücken. Von der Brücke aus hat man einen guten Blick auf die umliegenden Hinterhäuser. Dann geht es über den Salzmarkt.

Im Mittelalter verliehen die Landesherren ihren Städten das Stapelrecht für bestimmte Güter. Bad Münstereifel hatte das Stapelrecht für Salz. Dies bedeutete, dass alle durchreisenden Kaufleute, die mit Salz handelten – damals ein wertvolles Handelsgut – ihre Ware für eine bestimmte Zeit in der Stadt anbieten mussten. Der Münstereifeler Markt wurde so ein wichtiger Umschlagplatz.

Vom Salzmarkt aus kann man ein weißes Türmchen erkennen, das eine besondere Geschichte hat. Wo heute die Stadtbücherei ist, stand noch vor 100 Jahren eine Tuchweberei. Um die Wolle vom Schweiß der Schafe zu säubern, wurden Soda und Urin benötigt. Der so genannte Seckhannes sammelte den Urin morgens in den Bürgerhäusern ein und brachte ihn in den kleinen weißen Turm, den Seckturm. Kleine Löcher sorgten für die Entlüftung. Wie das gerochen hat, kann man sich gut vorstellen! Um noch mehr Urin zu bekommen, richtete der Tuchfabrikant in der Turmecke ein öffentliches Pissoir ein. Nach der Einstellung der Tuchweberei wurde es jedoch geschlossen.

Der Seckturm ▼

Am rechten Erftufer geht es weiter an vielen Fachwerkhäusern vorbei, in denen lange Zeit Bier gebraut wurde. Man kommt dann zur Jesuitenkirche und dem dazugehörigen Sankt-Michael-Gymnasium, das im 18. Jahrhundert eröffnet wurde und lange Zeit das einzige Gymnasium zwischen Köln und Trier war. Die große Glocke im Dachreiter darf noch heute von den neuen Schülern geläutet werden, und der ehemalige Speisesaal der Mönche wird heute als Schulaula genutzt.

Weiter geht es rechts die Johannisstraße hinauf. Rechts an der Mauer ist ein Hinweis auf ein Hochwasser im Jahre 1416. Die Erft soll damals in einer Nacht bis zur Schwelle der Treppe gestiegen sein. Insgesamt sollen 100 bis 200 Menschen und etwa 3.000 Tiere innerhalb der Stadtmauern ertrunken sein. Die Treppe hinauf, gelangt man zum Burgvorplatz und hat einen guten Blick über die gesamte Stadt.

Einige Schritte an der Stadtmauer entlang führen uns in den ehemaligen Burghof. Die Burg wurde im 13. Jahrhundert von Graf Godfried von Jülich erbaut, der dort residierte. 1689 wurde die Burg von abziehenden französischen Truppen in Brand gesteckt. Die Treppe herunter, durch das Renaissancetor, geht es wieder zur Erft und über die Brücke nach rechts in die Werther Straße. Von hier aus sieht man schon das größte Tor der Stadtbefestigung, das Werther Tor. Am äußeren Torbogen ist das Doppelwappen der Grafen von Jülich und der Stadt Bad Münstereifel zu erkennen. Aus den zwei Löchern unter dem Dachrand wurden damals kochende Flüssigkeiten auf eindringende Feinde gegossen. Vom Werther Tor geht es links innen an der Stadtmauer entlang. Diese wurde am Anfang des 14. Jahrhunderts gebaut. In den Bögen der Stadtmauer sind kleine „Tropfstein-Zapfen" zu sehen. Sie entstanden durch die Verwendung von Kalkstein zum Bau der Mauer. Wenn Regenwasser durch den Stein sickert, wird der Kalk herausgespült und bildet im Bogen Tropfen. Da das Wasser ganz langsam abtropft, trennt sich der Kalk wieder vom Wasser, und es entstehen Zapfen wie in Tropfsteinhöhlen.

▲ Das Werther Tor

Am Ende der Wallgasse gelangt man auf die Langenhecke. Der Mauerdurchbruch an dieser Stelle war früher viel niedriger und nur für die Metzger des unmittelbar vor der Stadtmauer gelegenen Schlachthauses bestimmt. Der Durchgang war für die anderen Bürger durch ein Gittertörchen verschlossen. Am Ende der Langenhecke steht auf der linken Straßenseite das Romanische Haus, in dem jetzt das Heimatmuseum untergebracht ist. Das Romanische Haus ist das älteste aus Naturstein gebaute Haus im deut-

Entlang der Stadtmauer aus dem 14. Jahrhundert

schen Westen. Daran schließt sich der Klosterplatz an, auf dem die im 12. Jahrhundert gebaute Stiftskirche steht. Diese beeindruckende Kirche erzählt noch heute von der Bedeutung der damaligen Stadt. Die Grundsteinlegung der Stadt geht auf das Jahr 830 zurück, als der Abt Marquard von Prüm beschloss – angezogen von der wunderschönen Landschaft – ein Benediktinerkloster zu gründen. Durch die Überführung der Gebeine des Märtyrer-Ehepaares Chrysanthus und Daria, wurde das „Neue Münster" zum vielbesuchten Wallfahrtsort. Neben den vielen Pilgern und Gläubigen wurden auch etliche Kaufleute und Handwerker angelockt, die ein gutes Geschäft witterten. Dadurch gewann die Stadt immer mehr an Bedeutung.

Vorbei an der Stiftskirche kommt man zum Rathaus. Es wurde in zwei Phasen gebaut, nachdem Bad Münstereifel 1299 zur Stadt erhoben wurde. Der rechte Teil wurde 1350 fertiggestellt, der linke Teil stammt aus dem Jahre 1555.

Rechts die Marktstraße hinauf, gelangt man zur Heisterbacher Straße. In diese links abbiegen. Es folgt das vierte Tor, das Heisterbacher Tor. Von hier aus führt uns der Weg links die Stadtmauer entlang zum Ausgangspunkt des Stadtrundgangs zurück.

Bad Münstereifel bietet viele Möglichkeiten, sich für ein Picknick auszurüsten. In den netten kleinen Geschäften lohnt es sich zu stöbern. Für Jugendliche und Fans ein Muss ist das „Shamrock Irish Pub" auf der Marktstraße.

Extras

Heimatmuseum

Im ältesten Natursteinhaus des deutschen Westens ist das Hürten-Heimatmuseum untergebracht. Hier können eine bürgerliche Wohnstube aus dem 18. Jahrhundert, eine komplett eingerichtete Weberwerkstatt, eine Gaststätte aus dem 19. Jahrhundert, eine Hauskapelle, Fossilien und Sammlungen aus der Stein-, Kelten-, Römer- und Frankenzeit besichtigt werden. Außerdem gibt es einen monatlichen Museumsnachmittag für Kinder und einen Museumsshop.

Zinngiesserei

In der am Orchheimer Tor gelegenen Zinngießerei wird nach alter Sitte bereits in der 4. Generation Zinn gegossen und mit Zinndrücken gearbeitet. Man kann den Zinngießern dabei zuschauen und dann die verschiedenen Artikel dort auch kaufen.

Handwebmuseum

Hier dokumentieren Originalgeräte, Erzeugnisse und viele Abbildungen die 5.000-jährige Geschichte des Spinnens, Spulens und Webens. Es werden 30 Spinn- und 15 Webgeräte aus verschiedenen Regionen der Welt und unterschiedlichen Epochen gezeigt.

Apotheken-Museum

In der historischen Schwanen-Apotheke befindet sich seit 1997 ein Museum. Eine seit 1806 nahezu unveränderte Offizin kann besichtigt werden. Hier wurden die Arzneimittel hergestellt und verkauft. Darüber hinaus gibt es noch das Labor, die Materialkammer, eine „Riechstraße“ sowie einen Kräutergarten. Hier lässt sich auch ein toller Kindergeburtstag feiern, bei dem Zäpfchen gegossen, Pillen gedreht oder Brausepulver selbst hergestellt werden kann.

▶ Eifeler Wiesen

Tour 2

Zu den Tuchmachern nach Monschau

RUNDFAHRT ÜBER MONSCHAU MIT SEINEN ALTEN FACHWERKHÄUSERN UND NIDEGGEN MIT SEINER ALTEN BURG

Blick auf Monschau

Von Schleiden über die B 258 nach Monschau und rechts am Ortseingang auf einem der vielen ausgewiesenen Parkplätze parken. Egal von welchem Parkplatz aus, man gelangt problemlos in den historischen Stadtkern.

Monschau war einmal eine sehr wohlhabende Stadt und hieß bis zum Anfang des 20. Jahrhunderts Montjoie, „Berg der Freude". Heute nennt man Monschau auch „Perle der Eifel" oder auch „rheinisches Rothenburg", da sich im Stadtbild seit fast 300 Jahren nichts verändert hat. Oberhalb der vielen Fachwerkhäuser und Bruchsteinbauten geht es geschichtlich noch weiter zurück. Hier steht die aus dem 12. Jahrhundert stammende Burg Monschau, zwischen dessen Resten man wunderschön spazieren und dabei einen einmaligen Ausblick genießen kann.

Den Wohlstand hatte das Montjoie des 17. Jahrhunderts den Tuchmachern zu verdanken. 1598 verbannte das katholische Aachen alle evangelischen Tuchmacher aus der Stadt. Viele ließen sich in Monschau nieder. Hier fanden sie die idealen Bedingungen, um ihr Gewerbe wieder aufzunehmen: klares, kalkfreies Wasser aus der Rur, große Schafherden und genügend arme, arbeitswillige Menschen. Das größte und berühmteste Fabrikantenhaus ist das „Rote Haus", zu dem man gelangt, wenn man am Markt über die kleine Brücke geht und dann rechts in die Stehlingsstraße einbiegt. Nach einigen Metern steht das „Rote Haus“ auf der linken Straßenseite. Dieses Haus gehörte dem Tuchfabrikanten Johann-Heinrich Scheibler und wurde um 1760 erbaut. Er alleine beschäftigte etwa 400 Menschen. Damals war Monschau größer als heute. Selbst am Ende seiner Blütezeit lebten noch um die 3.000 Menschen in der Stadt; heute sind es nur ca. 2.000.

Die Tuchmacherei

Die Tuchmacherei, die fast allen Bewohnern Monschaus Arbeit und Brot gab, war ein sehr langer und arbeitsaufwendiger Prozess: Auf den Heiden rings um Monschau weideten große Schafherden, die lange Zeit die Wolle für die Tuchmacherei lieferten. Dann wurde aber die feinere Merinowolle aus Spanien viel beliebter. Die Eifeler Wolle wurde kaum mehr benötigt. Der Versuch, Merinoschafe in der Eifel heimisch zu machen, misslang. Nachdem die Schafe geschoren worden waren, musste man die Wolle zuerst in einer Mischung aus Wasser und Urin waschen. Dann wurde sie getrocknet, zerzaust und anschließend meist von Frauen und Kindern gesponnen. Erst danach konnte sie zu Stoffen gewebt werden. Dann wurde das gewebte Tuch geplüst. Das bedeutet, dass die Knötchen und vielen Flusen, die auf dem Tuch lagen, beseitigt wurden. Als Nächstes wurde es in großen Behältern mit Wasser, Urin, Seife und anderen Zutaten gewalkt, damit der Stoff verfilzte und dadurch fester wurde. Mit Bürsten oder Disteln rauhte man den Stoff wieder auf und schnitt mit großen Scheren die abstehenden Härchen ab. Als letztes wurden die Tücher dann nach Geheimrezepten gefärbt.

Es gab also viele Berufe in Monschau und seiner Umgebung, die von der Tuchherstellung lebten: die Schafzüchter, die Spinner, die Weber, die Plüserinnen, die Walkmüller, die Rauher, die Scherer, die Färber und natürlich die Fabrikanten. Die Fabrikanten kauften die Wolle und bezahlten die Arbeiter. Am Ende verkauften sie dann die fertigen Stoffe, und damit verdienten sie viel Geld. Monschauer Tuche waren überall sehr beliebt. Sie wurden bis nach Amerika und Russland verkauft und an die meisten europäischen und orientalischen Fürstenhäuser geliefert. Zu der Zeit, als die vielen Fabrikantenhäuser gebaut wurden,

▼ Das „Rote Haus“

war Monschau also eine sehr reiche Stadt. Vor etwa 150 Jahren, zur Zeit der industriellen Revolution, wurden aber Maschinenwebstühle erfunden. Jetzt konnten in anderen Städten die Tuche viel schneller und billiger hergestellt werden. Seit dieser Zeit ging es mit Monschau bergab.

In den vielen kleinen Häusern, die so romantisch aussehen, leben heute ganz „normale“ Menschen. Damals aber wurde dort nicht nur gewohnt, sondern auch schwer gearbeitet, um all die schönen Stoffe herzustellen. Wie der damals reichste Monschauer Bürger gelebt hat, könnt ihr euch in dem „Roten Haus“ ansehen.

Über die B 399 geht es nach Simmerath und weiter Richtung Nideggen. In Nideggen an der großen Kreuzung rechts in die Graf-Gerhard-Im-Altwerk-Straße abbiegen und am Parkplatz vor der Burg parken.

Von der Burg Nideggen hat man einen herrlichen Ausblick auf das Rurtal mit seinen Sandsteinfelsen. Man kann auch erkennen, wie günstig die Burg gelegen ist. Hoch oben auf dem Felszipfel war sie kaum einnehmbar. Fast das ganze Mittelalter hindurch wurde hier um die Macht gekämpft. Heute ist Nideggen dagegen ein ruhiges und sehenswertes Städtchen, in dem das mittelalterliche Stadtbild fast geschlossen erhalten geblieben ist. Vom gemütlichen Marktplatz mit dem Marktkreuz aus dem 15. Jahrhundert und dem beeindruckenden Rathaus aus dem 16. Jahrhundert führt eine kleine Gasse zur romanischen Pfarrkirche, die in der Vorburg gelegen ist und ebenso wie der gesamte Ort und auch die Burg aus Rotsandstein erbaut wurde.

▼ Für Feinde fast uneinnehmbar: Burg Nideggen

Burg Nideggen und die Macht der Grafen von Jülich

Die Burg Nideggen wurde im 12. Jahrhundert gebaut, also vor etwa 800 Jahren. Sie war damals eine sehr kleine Burg und gehörte dem Grafen Wilhelm II. von Jülich. Den mächtigen Jenseitsturm mit seinen Kerkern solltet ihr euch etwas genauer ansehen. Dort wurden viele berühmte Gegner gefangen gehalten. Den Gefangenen in diesem kalten, feuchten und düsteren Kerker wurde nur ein einziges Zugeständnis gemacht: Sie durften durch das so genannte „Angstloch" der Messe in der benachbarten Burgkapelle lauschen. Frei kamen sie nur, wenn sie viel Geld bezahlt und wichtige Rechte an die Jülicher Grafen abgetreten hatten.

Mit der Zeit wurde die Burg Nideggen dadurch immer bedeutender und mächtiger. Sie entwickelte sich zu einer ernsthaften Konkurrenz für die Kölner Erzbischöfe. 1242 kam es zu einer Schlacht bei Nideggen. Die Kölner hatten die Kraft der Jülicher unterschätzt und verloren den Kampf. Der berühmte Erzbischof Konrad von Hochstaden (er gilt als der Gründer des Kölner Doms) wurde verwundet und in den Kerker des Jenseitsturms gesteckt. Erst neun Monate später ließ ihn Wilhelm IV. gegen Lösegeld frei. 25 Jahre danach versuchte der neue Kölner Erzbischof Engelbert II., die Burg mit ihren Rittern und dem Grafen Wilhelm IV. zu besiegen. Aber die Kölner wurden wieder geschlagen, und der Erzbischof musste in den Kerker. Und auch diesmal wurde er nur gegen ein sehr hohes Lösegeld freigelassen. Dank all dieser Zahlungen wurde Nideggen immer reicher und mächtiger. Als sich der nächste Erzbischof, Sigfrid von Westerburg, mit den Nideggern anlegte, herrschte dort immer noch Wilhelm IV. Sigfrid musste jedoch nicht in den Kerker. Bevor es nämlich zu einer Entscheidung der Streitigkeiten kam, die über zwei Jahre gedauert hatten, wurde der Graf von Aachener Bürgern im Jahre 1278 erschlagen. Er hatte versucht, die Stadt nachts zu überfallen, wurde daran jedoch von den mutigen Bürgern Aachens gehindert, die nicht so fest schliefen wie er gehofft hatte und sich vehement wehrten.

Noch ließ sich die Macht der Jülicher Grafen nicht stoppen. Die Burg wurde weiter ausgebaut. 1347 wurde der große Rittersaal gebaut, der damals – 61 m lang und 16 m breit – der drittgrößte im Deutschen Reich war. Es kamen auch noch die zwei anderen Türme hinzu, der Küchenturm und der Damenkerker. Im Jahre 1356 ernannte der Kaiser den Grafen zum Herzog, als Dankeschön sozusagen, weil der Graf ihm Geld geliehen hatte. Etwa 200 Jahre später wurde die Burg eingenommen und zerstört. Bei einem Streit zwischen dem Herzog und dem Kaiser konnten die Mauern der bislang uneinnehmbaren Festung den Kanonenkugeln nicht standhalten. Danach hat es viele Versuche gegeben, den alten Glanz wieder herzustellen. Doch alle Mühen waren umsonst. Mit der Macht der Burg Nideggen war es vorbei. Die Burg zerfiel zur Ruine. Erst im letzten Jahrhundert hat man entdeckt, wie schön sie früher gewesen war. Man hat sie wieder aufgebaut, damit man heute sehen kann, wie die Ritter damals gelebt haben.

DIE HECKEN

▲ Haushohe Buchenhecken im Monschauer Land

Ihr habt euch sicher schon gefragt, was es mit den vielen hohen Hecken auf sich hat, die im Monschauer Land überall zu sehen sind. Sie sind ein besonderes Wahrzeichen der Region und seit dem 17. Jahrhundert nachweisbar. Die dichten Hecken wurden sehr nah an die Häuser gepflanzt, um diese vor den kalten und rauen Winden der Nordeifel zu schützen. Ihr findet sie vor allem an der Westseite der Gebäude, da der Wind in dieser Region Deutschlands meistens aus dem Westen kommt. Es handelt sich bei den Hausschutzhecken um Buchenhecken, die auch im Winter die verdorrten Blätter nicht verlieren und dadurch auch in dieser Jahreszeit die Häuser schützen. Dieser Wetterschutz war früher sehr wichtig, da die Häuser, abgesehen von der Feuerstelle, über keinerlei Heizung verfügten und auch nicht besonders gut isoliert, also dicht waren. Der kalte Wind wäre ohne die Hecken ungehindert durch die Ritzen in den Mauern ins Innere der „guten Stube“ gelangt.

Heute werden die hohen Hausschutzhecken mit ihren Tür- und Fenstereinschnitten liebevoll gepflegt, was bei den beachtlichen Höhen nicht immer ganz einfach ist. Euch sind aber sich auch noch andere Formen der Hecken aufgefallen, wie z. B. die so genannten Durchwachserhecken. Das sind Hecken, bei denen aus der eigentlichen niedrigeren Hecke einzelne Bäume hoch hinaus wachsen. Diese Form der Hecke lässt den Wind an einigen Stellen hindurch, wodurch weniger Wirbel über und hinter der Hecke entstehen und dadurch die Temperaturen hinter den Hecken etwas höher sind. Außerdem gibt es noch die vielen Viehhecken, die die Umgebung der Dörfer durchziehen. Sie bestehen vor allem aus Weißdorn, der mit seinen vielen Dornen in dieser Region die Stacheldrahtzäune ersetzt und den Tieren einen guten Windschutz bietet.

Burgenmuseum

Extras

Sammlungsschwerpunkte:

- Dokumentation über die Entstehung von Burgen in der Eifel
- Information über die Bedeutung einer mittelalterlichen Burg als Wohnhaus, Wirtschaftsmittelpunkt und Zentrum der Rechtsprechung
- Romanische Burgkapelle
- Burgverlies mit visueller und akustischer Demonstration einer Gefangenschaft
- Rittersaal
- Gerichtssaal mit Folterstuhl

Monschauer Senfmühle

In der Monschauer Senfmühle mischt der Senfmüller nach historischen Rezepten die scharfen Mosterte an. Diese Senfmühle befindet sich auf derselben Straße wie das „Rote Haus", und wenn man etwas Zeit hat, lohnt es sich, eine der Führungen dort mitzumachen und einige der 13 verschiedenen Senfsorten zu probieren.

▼ Der Senfmüller bei der Arbeit

Monschauer Glashütte und Handwerkermarkt

Glasmachern kann man bei ihrer Arbeit, dem Schmelzen, Blasen und Schmieden von Glas, in der Monschauer Glashütte zusehen und es sogar einmal selbst ausprobieren. Dabei lernt man etwas über die 2.000 Jahre alte Glasgeschichte und ihre verschiedenen Entwicklungsstufen. Im Handwerkermarkt kann man zudem noch Krippenbauern, Töpfern, Malern und vielen mehr bei ihrer Arbeit über die Schultern gucken. Außerdem gibt es hier ein „Dorfrestaurant".

Sommerbobbahn in Monschau-Rohren

Mit Einer- oder Zweierbobs kann man auf der 751 m langen Bobbahn (übrigens der längsten Edelstahl-Bobbahn Deutschlands) zu Tal fahren und sich anschließend wieder hochziehen lassen. Wer will, kann im Tal seinen Bob stehenlassen und eine kleine Wanderung machen. Auch in diesem Fall kann man später mit dem Schlepplift an den Ausgangspunkt zurückkommen. Am Ausgangspunkt gibt es außerdem noch eine Imbiss-Hütte sowie Grill- und Spielplätze.

Tour 3
Woher die Römer in Köln ihr Trinkwasser bekamen

Ein Ausflug entlang der römischen Wasserleitung

Von Schleiden aus geht es über Kall und Sötenich Richtung Urft. An der Kreuzung, wo es rechts nach Urft geht, geradeaus über die Straße und vor den Feldwegen parken.

Vom Parkplatz aus dem linken Feldweg, dem „Römerkanal-Wanderweg" (kleines Schild am Zaunpfahl) folgen und vorbei an freigelegten Stücken der alten Wasserleitung und den Resten eines Aquädukts über die Urft durch das Naturschutzgebiet Urfttal. Nachdem man die Gleise überquert hat, links der Bahnlinie folgen. Am ehemaligen Bahnwärterhäuschen geht es links und vor den Gleisen rechts, bis zur Brunnenstube der Grüne Pütz (auf diesem letzten Stück sind einige Stufen zu bewältigen). Diese Quellfassung der römischen Wasserleitung wurde im 1. Jahrhundert n. Chr. gebaut und sollte die Provinzhauptstadt Niedergermaniens, Colonia Claudia Ara Agrippinensium (CCAA), das heutige Köln, mit Trinkwasser versorgen.

Der Grüne Pütz – die Quellfassung der römischen Wasserleitung

Ihr fragt euch sicher, warum die Römer nicht das Wasser aus dem Rhein oder den vielen kleinen Bächen genommen haben. Das haben sie tatsächlich auch getan. Aber dieses Wasser, das damals noch sehr sauber war, haben sie nur zum Waschen und Putzen benutzt. Die Römer erbauten die fast 100 km lange Wasserleitung, um wirklich gutes, frisches Quellwasser zum Trinken zu haben. Sie war eine der längsten im ganzen römischen Reich. Ihr könnt euch vielleicht vorstellen, wie schwierig es war, solch eine riesige Wasserleitung zu bauen. Damit das Wasser nämlich fließen kann, muss die Leitung immer ein bisschen bergab gehen. Außerdem muss sie möglichst gerade verlaufen. Es ist schon eine gewaltige Leistung der Römer gewesen, die richtige Strecke zu finden, da sie ja keine Luftbilder oder genauen Karten hatten. Und diesen großen Aufwand betrieben sie nur, damit die Kölner Bürger frisches, klares Trinkwasser aus ihren Wasserhähnen zapfen konnten. Richtig: Die Römer hatten sogar schon Wasserhähne!

Leider ist von den Wasserleitungen nicht mehr viel übrig geblieben. Die Menschen im Mittelalter ließen sie verfallen. Teilweise benutzten sie sogar die Steine, um damit Kirchen und Burgen zu bauen.

Der „Grüne Pütz" – Quellfassung der 100 km langen römischen Wasserleitung

An der Stelle, wo die gesamte Wasserleitung begann – also an der Quellfassung – steht ihr jetzt. Dieser so genannte „Grüne Pütz" ist eine Rekonstruktion. Das heißt, er wurde wieder genauso aufgebaut, wie er früher ausgesehen hat. Der Name „Pütz" kommt von dem lateinischen Wort „puteus", was so viel bedeutet wie Brunnen. Aus diesem lateinischen Wort hat sich mit der Zeit „Pütz" gebildet und später das Wort „Pfütze".

Das Sammelbecken des Grünen Pütz' ist nach oben hin offen. Die Gorgonenhäupter in den Ecken sollten Unheil von der Quelle abhalten, vor allem die Verschmutzung des Wassers verhindern. Das von links einströmende Wasser wurde zunächst im ca. 20 cm tiefen Becken gesammelt. Hier konnte sich der Schmutz absetzen, und das Wasser wurde auf diese Weise gereinigt. Dann floss es nach rechts in den hier beginnenden Römerkanal, den man gut an der U-förmigen Rinne mit Gewölbe erkennen kann. Die Wände waren nicht nur innen wasserdicht, sondern auch außen, damit kein Regenwasser in die Wände eindringen konnte und dann beim Gefrieren der Mauer Risse zufügen konnte. Das von links einfließende Wasser ist in einer 80 m langen Rinne, der so genannten Sickerleitung, entlang des Berghangs gesammelt worden. Zur Bergseite war diese Rinne für Sickerwasser durchlässig, an den anderen Seiten jedoch absolut dicht. Auf dem Boden der Rinne lag Kies, mit dessen Hilfe das Wasser gefiltert und gereinigt wurde. Nach oben hin verhinderten große Buntsandsteinplatten die Verschmutzung. Den Kanal und die Sickerleitung haben die Römer unterirdisch verlegt, um sie vor Beschädigungen zu schützen und eine möglichst gleichbleibende Temperatur während des ganzen Jahres zu erreichen. Nur die Brunnenstube selbst war offen, damit das Wasser, bevor es auf seine lange Reise geschickt wurde, sich noch einmal mit Sauerstoff anreichern konnte.

Zurück zum Auto kann man ab dem Überqueren der Bahngleise links und dann rechts über die Urft einen etwas kürzeren Weg nehmen.

Weiter geht es über Zingsheim auf die B 477 Richtung Mechernich bis nach Vussem. Hier der Beschilderung zum römischen Aquädukt folgen.

An einigen Stellen mussten die Römer kleine Täler oder Flüsse überbrücken, die der Wasserleitung im Weg waren. Zu diesem Zweck bauten sie Aquädukte. Ein solches Aquädukt ist bei Vussem zum Teil gut erhalten, bzw. rekonstruiert worden. Drei der wahrscheinlich zwölf Pfeiler sind von diesem größten Aquädukt der Eifel noch zu sehen. Das Aquädukt war etwa 80 m lang. Damit das Wasser in dieser freiliegenden Leitung im Winter nicht gefror, haben die Römer das Gefälle leicht erhöht. Es betrug etwa 30 cm auf 80 m. Die damit erhöhte Fließgeschwindigkeit verhinderte das Gefrieren des Wassers. Man kann vorsichtig auf die Pfeiler hinaufklettern und hat von dort oben einen guten Blick auf die Fortsetzung der Wasserleitung.

▲ Das Aquädukt bei Vussem

Über die B 477 geht es weiter bis Mechernich und über die B 266 weiter nach Kommern. Von dort über die B 477, die B 165 und die B 56 bis Zülpich. Im Stadtzentrum der Beschilderung zu den Thermen folgen.

Heutzutage würde ein solcher Kanal nicht mehr gebaut werden, da er viel zu teuer wäre. Den Römern war aber nichts zu aufwendig, was zur Verbesserung der Lebensqualität der Bürger führte. Nicht umsonst heißt es, dass die Römer die Zivilisation gebracht haben. Das damalige Verwaltungszentrum Köln hatte etwa 30.000 Einwohner, jedem Kölner Bürger standen täglich etwa 750 Liter Wasser aus dem Eifelkanal zur Verfügung. Das ist fünfmal so viel wie heute!

Die Römer nutzten das Eifelwasser jedoch nicht nur als Trinkwasser, sondern auch, um damit ihre Thermen zu betreiben. Eine solche römische

Therme gibt es in Zülpich. Die 1931 unter dem Vorplatz des Propsteimuseums entdeckte und ausgegrabene Therme der römischen Kleinstadt „Tolbiacum“ (so hieß Zülpich zu Zeiten der Römer) zählt zu den besterhaltensten nördlich der Alpen.

Die römischen Thermen – die Römerthermen in Zülpich

Thermen sind Badeanlagen, die zur römischen Kaiserzeit von allen Bewohnern genutzt wurden. In diesen Badehäusern traf man sich nicht nur zum Baden, sondern auch, um sich mit anderen Menschen zu unterhalten. Ihr könnt die römischen Thermen nicht mit einem einfachen Schwimmbad vergleichen, eher mit einem modernen Freizeitcenter. Die damaligen Badehäuser waren nämlich nicht nur zum Baden gedacht, sondern hatten auch große Sportanlagen und Gesellschaftsräume. Das Baden und Schwimmen war also nicht das Wichtigste.

Jede Therme hatte vier Räume: Eine Auskleidekammer sowie einen Raum, in dem es etwa 19° C warm war und in dem Wannen mit kaltem Wasser standen; außerdem noch einen etwa 25° C warmen Raum zum Entspannen und schließlich einen Heißbaderaum, in dem Wannen mit heißem Wasser und 30–40° C Lufttemperatur anzutreffen waren. Die Räume waren von den Römern so geschickt gebaut worden, dass von morgens bis abends die Sonne hinein schien. Die beiden letzten warmen Räume hatten, wie ihr es in Zülpich sehr gut sehen könnt, eine Fußbodenheizung und eine Wandheizung. So war es immer schön warm an den Füßen und am Rücken, wenn man sich an der Wand anlehnte. Schön muss diese Therme einmal gewesen sein. Und bestimmt könnt ihr euch vorstellen, wie gerne und wie lange sich die römischen Bürger hier aufhielten.

Römische Kalkbrennerei

Extra

In der römischen Kalkbrennerei bei Iversheim gibt es insgesamt sechs Öfen zu sehen, in denen die Römer von 150–300 n. Chr. ihren Kalk gebrannt haben. Um aus Dolomit-Gestein Kalk herzustellen, musste ein 1.000° C heißes Feuer sieben Tage lang im Ofen brennen. Dann war das Gestein zu Pulver verbrannt. Diesen Kalk konnten die Römer mit Wasser gemischt als Mörtel benutzen und ihre Häuser damit bauen. Wer die Kalkproduktion näher erklärt bekommen möchte, kann an einer der Führungen teilnehmen.

Was es sonst noch gibt

Rund um Schleiden/Gemünd

Freilichtmuseum Kommern

Bauernhofidylle im Freilichtmuseum Kommern

Wer einmal sehen möchte, wie die Bauern früher gelebt haben, kann dies im Freilichtmuseum Kommern tun, nicht weit von Mechernich. Wenn man dem größten Menschenandrang aus dem Weg gehen möchte, sollte man Kommern nicht am Wochenende besuchen. Der längste Rundweg dauert etwa 2 bis 3 Stunden, und man sieht dabei viele typische Eifelbauernhäuser.

Man kann z. B. ein Haus aus Rohren in der Nordeifel sehen. In dieser Gegend war und ist es häufig sehr stürmisch. Deshalb hat das Haus an der Westseite ein ganz tief heruntergezogenes Dach, um den Wind abzuhalten. Typisch für diese Gegend sind auch die hohen Eifeler Hecken, die ebenfalls den Wind abhalten sollen. Das älteste Haus in Kommern kommt aus Straßfeld bei Euskirchen und gehörte dem Dorfschultheiß. Ein Dorfschultheiß ist so etwas wie ein Bürgermeister. Dies ist auch der Grund, weshalb dieses Haus so groß ist. In Kommern wurden jedoch nicht nur Häuser aus der Eifel, sondern auch vom Westerwald, dem Bergischen Land und dem Niederrhein wiederaufgebaut.

Im Jahresverlauf gibt es viele verschiedene Sonderveranstaltungen. Diese wechseln je nach Jahreszeit. So kann man z. B. miterleben, wie Schafe geschoren werden, wie ein Holzkohlenmeiler arbeitet, wie Flachs gebrochen wird, oder wie man früher Brot gebacken hat. Oder aber man kann dabei sein, wenn in Kommern der Martinszug startet, wie früher auf dem Dorf. Nach Voranmeldung darf man sogar daran teilnehmen. Ein weiteres Highlight ist der Advent. Das Freilichtmuseum bietet außerdem ein riesiges Angebot an museumspädagogischen Projekten für alle Altersgruppen sowie organisierte Kindergeburtstage im Museum.

Wer genug von der frischen Luft hat, kann sich noch die neue Ausstellung „WirRheinländer“ in der Ausstellungshalle ansehen. Hier spaziert man durch eine rheinische Kleinstadt, die liebevoll und sehr aufwändig nach historischen Vorbildern gestaltet wurde. Durch die Fenster in den

Fassaden blickt man auf Szenen des alltäglichen Lebens zwischen 1794 und 1969. „Belebt" wird die gesamte Ausstellung durch 240 Figuren, für die auch der eine oder andere Prominente seinen Kopf zur Verfügung gestellt hat.

Außerdem gibt es noch die Ausstellung „Schöne Neue Welt" zur Geschichte der Auswanderung der Rheinländer nach Amerika. Diese empfiehlt sich jedoch erst für Familien mit älteren Kindern (ab 8/10 Jahren) aufgrund der gezeigten Folterszenen.

BAUERNMUSEUM LAMMERSDORF

▲ Bauernmuseum Lammersdorf

Wer sich ein richtiges, altes Eifelbauernhaus ansehen möchte, das noch an seinem ursprünglichen Ort steht, der sollte zum Bauernmuseum Lammersdorf fahren. Hier wurde ein altes Haus besonders liebevoll eingerichtet, so wie es vor etwa 100 Jahren üblich war. Es gibt in Lammersdorf aber noch mehr zu sehen. Auf dem Gelände des Bauernhofmuseums finden regelmäßige Vorführungen traditionellen Handwerks statt. So kann man z.B. dem Besenbinder Matthes bei der Arbeit zusehen. Wer genug Zeit hat, kann am Tagesprogramm des Bauernmuseums teilnehmen, bei dem es eine Wanderung mit anschließendem Grillen gibt.

AACHEN – KAISERSTADT IM NORDWESTEN DER EIFEL

Im äußersten Nordwesten der Eifel liegt die Kaiserstadt Aachen. Ein „klassischer Stadtrundgang" beginnt natürlich auf dem Marktplatz am Karlsbrunnen. Hier steht man direkt vor dem Rathaus, das im 14. Jahrhundert auf den baufälligen Grundmauern des karolingischen Kaiserpalastes erbaut wurde. 31 deutsche Könige wurden in Aachen gekrönt. Sie sind alle als Statuen an der Rathausfassade zu erkennen. Die Wappen, die außerdem die Fassade zieren, sind die der Kurfürsten und der anderen Fürsten, die mit Aachen verbunden waren.

Vom Rathaus aus geht es nach rechts, vorbei an Uhr- und Marktturm, um das Rathaus herum. Hier befindet sich ein kleiner Kräutergarten, der

Der Karlsbrunnen auf dem Marktplatz

Krämerstraße und Granusturm

1965 nach alten Vorschriften Karls des Großen wieder neu angepflanzt wurde. Die Treppen hinunter gelangt man auf den Katschhof. Dieser große rechteckige Platz war der zentrale Platz der karolingischen Pfalz. Ringsherum ließ Karl der Große monumentale Bauten errichten und nannte es das „neue Rom". An der Stelle, wo heute das Rathaus steht, befand sich damals die Königshalle, von der nur der viereckige Granusturm übrig geblieben ist. Dieser Turm ist 788 erbaut worden und man vermutet, dass dies der Wohnturm Kaiser Karls war, da es in den vier übereinander liegenden Zimmern Heizungen und sogar eine Toilette gab. An der gegenüber liegenden Seite stand damals die Pfalzkapelle (der heutige Dom). Diese erhielt jedoch nach und nach so viele Anbauten, dass man von der ursprünglichen Kapelle nur noch das zentrale Oktogon (Achteck) mit dem darum liegenden Sechzehneck sehen kann. Vom Rathaus aus gesehen auf der rechten Seite befand sich ein zweistöckiger Gang, der den Palast und die Kirche miteinander verband. Einen Rest des Mauerwerks dieses Gangs kann man noch zwischen dem Dom und der modernen Domsingschule erkennen. An der Stelle der Singschule befand sich damals ein Torhaus. Im Mittelalter war hier das Gerichtsgebäude untergebracht. Davor stand ein Schandpfahl, der „Kax". Von diesem Wort soll der Name Katschhof abstammen.

Geht man von hier aus durch die Ritter-Chorus-Straße und bei der nächsten Möglichkeit links, kommt man zur Domschatzkammer. Noch ein Stückchen weiter geht es links durch ein schmiedeeisernes Tor in den Domhof. Anstelle der Häuser stand zu Kaiser Karls Zeiten an dieser Stelle

▲ Der Puppenbrunnen – wer findet diese Figur?

ein Atrium. Ganz hinten links im Hof kann man noch ein paar karolingische Pfeiler sehen.

Es lohnt sich auf jeden Fall, den Dom auch von innen zu besichtigen. Durch die Vorhalle gelangt man in die Pfalzkapelle, die Karl der Große selbst entworfen hat. Die vielen Säulen zeigen, dass Karl sich als Erbe der römischen Kaiser gesehen hat, denn diese Bauweise galt schon immer als die kaiserliche. Vom Altar aus kann man den Thron im Obergeschoss genau im Westen über dem Eingang sehen. An den karolingischen Zentralbau schließt im Osten der gotische Chor an, der zwischen 1355 und 1414 gebaut wurde. Wegen seiner vielen großen Fenster wird er auch das „Glashaus von Aachen" genannt. Hinten im Chor steht der goldene Karlsschrein, in dem sich die Gebeine Karls des Großen befinden und der 1215 fertiggestellt wurde.

Zurück auf dem Domhof gelangt man links durch die schmale Gasse auf den großen Münsterplatz. Dort kennzeichnen am Beginn des Platzes dunkle Basaltplatten im Boden den Grundriss eines ehemaligen karolingischen Domanbaus. Von hier aus gelangt man am gotischen Chor vorbei links in die Krämer Straße mit ihren vielen kleinen Geschäften und dem Puppenbrunnen. Dieser Brunnen ist etwas ganz Besonderes, weil sich alle Figuren bewegen lassen. Dabei erinnert jede Puppe an etwas, das typisch für Aachen ist. Es gibt einen Bischof, eine schicke Modepuppe, einen Mann mit Doktorhut, einen Harlekin, eine Marktfrau, einen Reiter mit Pferd und viele Karnevals-Masken.

Vom Puppenbrunnen gelangt man in den „Hof". Auf diesem Platz kann man eine hohe römische Bogenstellung entdecken. Sie ist Teil einer römischen Wandelhalle, die einen Kultplatz umgeben hat und im 2. Jahrhundert erbaut wurde. Dass die Römer in Aachen gelebt haben, wird aber nicht nur an den Bögen deutlich. Auch die vielen Dreiecksplätze, die man in der Aachener Altstadt sieht, sind indirekt ein Zeichen dafür. Die Römer legten nämlich ihre Straßen wie ein Schachbrett an, und zwar schnurgerade nach Norden ausgerichtet. Die Karolinger zu Zeiten Karls des Großen richteten aber ihre Bauten und Straßen schräg nach Nord-Osten aus. Durch die Überschneidungen dieser beiden Straßenraster sind die vielen dreieckigen Plätze entstanden, von denen der Markt der größte ist.

Vom „Hof“ aus geht es weiter in die Körbergasse, die vor allem im Sommer sehr schön aussieht. Dann nämlich hat ein Korbmacher seine Waren draußen ausgebreitet. Früher, zur Zeit der Handwerkszünfte gab es in dieser Gasse nur Korbmacher. Am Ende der Körbergasse kommt man zu den „Alten Aachener Kaffeestuben“, dem Café „Leo van den Daele“. Das kleine, bronzene Mädchen mit der großen Printe im Arm lässt vermuten, wofür dieses Café bekannt ist. Es ist eine der ältesten Printenbäckereien Aachens. Der Name Printen kommt von dem englischen Wort „to print“, was so viel bedeutet wie „drucken“. Die entsprechenden Motive werden mit so genannten Modeln in den Teig gedruckt und ausgestanzt. Leo van den Daele war ein leidenschaftlicher Modeln-Sammler, und in seinem Café kann man an den Wänden den größten Teil dieser Sammlung bewundern. Ein Blick hinein lohnt sich auf jeden Fall, und wer möchte, kann bei dieser Gelegenheit auch eine der vielen angebotenen Aachener Spezialitäten probieren.

Von der Körbergasse geht es links den Berg hinauf zum Marktplatz, dem Ausgangspunkt des Stadtrundgangs.

▲ Der „Hof“ – beliebter Treffpunkt im Sommer

Domschatzkammer

Künstlerische und historische Kostbarkeiten sind in der Domschatzkammer ausgestellt. Der Domschatz gilt als der bedeutendste Kirchenschatz nördlich der Alpen.

Extras

Couvenmuseum

Wer sehen möchte, wie die wohlhabenden Bürger von Aachen im 18. Jahrhundert gelebt haben, der sollte sich das Couvenmuseum ansehen. Hier werden viele schöne alte Einrichtungsgegenstände ausgestellt.

Rathaus

Im Aachener Rathaus, das besichtigt werden kann, steht die original Brunnenfigur Karls des Großen, die hierher vom Markt in Sicherheit gebracht wurde. Sie steht im großen Krönungssaal im Obergeschoss des Rathauses, in dem früher immer das Festmahl nach den Krönungen stattgefunden hat. Heute wird der Saal nur noch für ganz besondere Veranstaltungen genutzt. So wird hier beispielsweise einmal im Jahr, immer am Christi Himmelfahrts Tag der „Karlspreis“ verliehen.

Printenbäckerei

Habt ihr Lust, einmal Aachener Printen selbst zu backen? Hier ist ein Rezept: *Man nehme:* 250 g Honig oder Sirup, 65 g Butter oder Margarine, 65 g Zucker oder Kandisfarin, 375 g Mehl, 50 g Zitronat, je einen halben gestrichenen Teelöffel gemahlene Nelken, Kardamom und Koriander, einen gestrichenen Teelöffel

▲ „Printenmädchen“

Zimt, 10 g Pottasche, Grümmel (grober, brauner Zucker), 1 Tasse mit etwas Wasser verdünnter Aprikosenmarmelade. *Zubereitung:* Honig, Fett und Zucker erwärmen, auflösen und etwas abkühlen lassen. Mehl mit den Gewürzen in eine Schüssel sieben, Zitronat dazugeben und von der Mitte aus mit dem Honiggemisch verrühren. Die Pottasche in wenig Wasser auflösen, zuletzt gut unterrühren und den Teig kaltstellen. Dann auf dem Grümmel ausrollen und in Streifen von 8 cm Länge und 3 cm Breite schneiden. Auf ein gefettetes Backblech legen und dünn mit Wasser bepinseln. Eine gute Viertelstunde bei 180° C backen. Noch warm mit erwärmter, verdünnter Aprikosenmarmelade dünn bestreichen.

Die Burgen

Burgen sind jene befestigten Häuser des Adels in feudalistischer Zeit, die sich aus den so genannten „Motten“ entwickelten – Turmhügelburgen, die zumeist noch einen Wohnturm aus Holz besaßen, der auf einem künstlichen Hügel stand und von einem Wall oder Graben umgeben war. Als sich im hohen Mittelalter die feudalen Strukturen festigten, wurden immer mehr Adelsburgen gebaut, die noch heute von dieser Zeit Zeugnis geben. Zur besseren Verteidigung wurden die Burgen, wenn möglich auf einem möglichst hohen und steilen Berg oder aber an Wassergräben – entweder künstlichen oder natürlichen – gebaut. Man unterscheidet demnach Wasserburgen und Höhenburgen. Beide dienten sie dem Wohnen und Wehren mehr oder weniger mächtiger Adelsgeschlechter. Die Burgen zeugen jedoch auch von den Machtverhältnissen jener Zeit, denn sie waren die Herrschaftszentren eines bestimmten Gebiets. Dabei fungierte der Herr nicht nur als Landesvater, sondern auch als Polizeichef, oberster Richter und als Steuereintreiber für die eigene Kasse. In den Burgmauern wurde Gericht gehalten, und die Bevölkerung musste hier ihren „Zehnten“ abliefern.

Der Niedergang der Burgen begann, als die zwar immer dicker werdenden Mauern der Entwicklung der Feuerwaffen nicht mehr standhalten konnten. Wohnen und Wehren war in einem einzigen Bau nicht mehr zu vereinen, und so ging man dazu über, Schlösser für den einen Zweck und Festungen für den anderen zu bauen. In der Eifel bedeutete schon die Ausdehnung einzelner großer Territorialherren das Ende vieler kleiner Adelsgeschlechter und nach dem Verlust der militärischen Bedeutung wurden sie schließlich zu Schlössern umgebaut oder aber einfach aufgegeben. Während der Raubkriege Ludwigs XIV. wurden viele Burgen zerstört, andere wurden vorher gesprengt, damit sie dem Feind nicht in die Hände fielen bzw. sich keine Räuberbanden in ihnen verstecken und verschanzen konnten.

Durch die Französische Revolution wurde schließlich der Feudalismus abgeschafft, und die Burgen und Schlösser verloren ihre Funktion. Sie wurden enteignet und in den meisten Fällen für wenig Geld versteigert. Die neuen Besitzer hatten meist nur den Abriss der mittelalterlichen Bauten und den dann folgenden Verkauf von Bauteilen und Einrichtungsgegenständen im Sinn. Es hat in der Eifel Hunderte Burgen und „feste Häuser" gegeben, von denen die meisten nur noch Ruinen oder aber ganz verschwunden sind. Die berühmtesten Ausnahmen, die nie zerstört wurden, sind Burg Eltz und Schloss Bürresheim. In der Nordeifel hatten einige kleinere Adelsfamilien Glück und durften ihren Besitz behalten, da sie ihre Anwesen selbst nur als Lehen vom Landesherren empfangen hatten. Aus diesem Grund findet man hier noch eine ganze Reihe kleinerer Burgen und Schlösser, die auch heute noch gut erhalten sind. Sie sind jedoch meist nur wenig bekannt und liegen oft versteckt am Rande eines Dorfes. Einige Beispiele dafür sind:

Burg Arloff, Burg Kirspenich, Burg Konradsheim bei Diemerzheim Burg Satzvey, Burg Nideggen, Burg Veynau, Burg Zievel, Gymnicher Burg bei Nörvenich, Hardtburg, Jülicher Burg in Bad Münstereifel, Laufenburg im Hürtgenwald, Schloss Merode in Schlich, Schloss Eicks, Schloss Müddersheim, Wasserschloss in Gladbach, Wenzburg

Burg Satzvey

TÖPFEREIMUSEUM

Im Töpfereimuseum in Langerwehe wird die 1.000-jährige Geschichte der Langerweher Töpferkunst ausgestellt. Man kann aber auch noch heute den Töpfern bei ihrer Arbeit zuschauen. Für Schulklassen gibt es ein pädagogisches Programm und man kann hier Kindergeburtstage ausrichten lassen (jeweils frühzeitige Voranmeldung erforderlich).

GRUBE WOHLFAHRT

Im Besucherbergwerk Grube Wohlfahrt kann man ein altes Bleibergwerk besichtigen. 750 m der alten Stollen sind gesichert, und man kann darin einiges entdecken: z. B. Kohle als Reste der ersten Landpflanzen oder Abdrücke aus dem Devonmeer und vieles mehr. Man kann auch an Führungen teilnehmen, die nach Absprache speziell für Kinder oder Schulklassen angeboten werden. Außerdem erklären Schautafeln und Ausstellungen im Grubenhaus viel über die Bergbautechnik und die Erdgeschichte. Warme Kleidung und festes Schuhwerk nicht vergessen!

GRUBE GÜNNERSDORF

Ein weiteres Bleibergwerk kann am Mechernicher Bleiberg besichtigt werden. Bei der etwa 90-minütigen Führung erfährt man viel über die Arbeitsbedingungen der ehemaligen Bergleute und auch, dass das Bergwerk von 1943 an bis zum Kriegsende der Mechernicher Bevölkerung als Luftschutzanlage diente. Bis zu 5.000 Menschen lebten zu dieser Zeit in den alten Gruben. Es gab sogar ein Krankenhaus mit Operationssaal. Heute ist das spezielle Highlight für Kinder eine „Schatzsuche untertage“. Und auch hier gilt: Warme Kleidung und festes Schuhwerk nicht vergessen!

EIFELMUSEUM

Das Eifelmuseum stellt die Landschaft, den Naturraum und die Menschen in ihrer historischen Entwicklung dar. Hier besteht auch die Möglichkeit, Fossilien, die man auf Wanderwegen rund um Blankenheim selbst finden kann, anhand von Ausstellungsstücken durch Vergleichen einzuordnen. Außerdem gibt es ein museumspädagogisches Angebot und ein Museumscafé.

DER WESTWALL

Im gesamten Bereich der Westeifel trifft man auf die Überreste des Westwalls, einer gigantischen Festigungslinie, die sich rund 700 km lang direkt an der Westgrenze des Dritten Reiches von Kleve am Niederrhein bis in die Nähe von Basel zog. Diese Festigungslinie bestand im Wesentlichen aus zwei Elementen: den Panzerhöckern und den Bunkern. Die Panzerhöcker waren hintereinander aufgereihte Betonhöcker, die sich knapp 1 m hoch vor allem in flacheren Regionen kettenförmig insgesamt über 70 km Länge dahinzogen. Diese so genannten „Drachenzähne“, die vor allem Panzer am Grenzübertritt hindern sollten, kann man gut südlich von Aachen bei Walheim bestaunen, wo sie sich immer noch durch die Felder ziehen.

„Drachenzähne" – der Westwall bei Walheim

Viel wichtiger waren jedoch die Bunker, von denen es rund 2.900 gab. Sie waren gestaffelt und an erhöhten Punkten so angeordnet, dass man eine gute Westsicht hatte und somit die Westgrenze lückenlos einsehen und unter Beschuss nehmen konnte. Hierfür waren die Schneifel und die gesamten Osthänge des Ourtals wie geschaffen.

Der Westwall hatte eine enorme psychologische Wirkung sowohl auf die eigene Bevölkerung, die ihn als Sicherheitsmauer des Dritten Reiches sah, als auch auf die Westmächte, die sie als schwer einzunehmende Hürde sahen. Es stellte sich aber im Krieg heraus, dass sie viel leichter einzunehmen war als angenommen.

Für die Bauwirtschaft war der Westwall ein riesiger Rüstungsauftrag. In der 4-jährigen Bauzeit (1936–1939) waren etwa 1.000 Firmen mit insgesamt über 450.000 Mann am Bau beteiligt. Die Dörfer an der Westgrenze Deutschlands erlebten einen enormen Aufschwung, und es wurden Unmengen an Material und Maschinen eingesetzt. So waren etwa 40% aller deutschen Betonmischer mit einem Volumen von über 250 Litern und 60% aller Kompressoren im Einsatz. Es wurden ca. sechs Millionen Tonnen Zement und 7.000.000 cbm Holz verbaut. Nicht nur der Aufbau des Schutzwalls war extrem kostspielig, sondern auch der Abbau. Das Sprengen und Zuschütten der Bunkerreste verschlang Unmengen an Geld: pro lfd. Meter Panzerhöcker etwa 600 DM und pro Bunker etwa 40.000 DM.

Heute sind die Reste des Westwalls wichtige Lebensräume für seltene Pflanzen und Tiere, da hier keine landwirtschaftliche Nutzung möglich ist. Somit ist die Schutzfunktion des Westwalls heute zumindest aus ökologischer Sicht immer noch bedeutend.

Nähere Informationen zu allen Themen rund um den Westwall gibt das Westwallmuseum „Katzenkopf" in Irrel, das in einem unterirdischen dreigeschossigen Panzerwerk untergebracht ist.

Auf den Spuren der Steinzeitmenschen – Picknick an den Kakushöhlen

Kakushöhle

Südlich von Eiserfey liegt nahe dem kleinen Ort Dreimühlen die Kakushöhle, in der in der Altsteinzeit Menschen gelebt haben. Man kann hier Ausgrabungen und Funde von Waffen, Werkzeugen und Knochen sehen. Direkt an den Höhlen neben einem kleinen Wasserfall steht außerdem noch ein Lagerfeuerplatz zur Verfügung, an dem man gut grillen kann. Im Kiosk an der Höhle ist Informationsmaterial zu bekommen.

Rurtalsperre und Naturschwimmbäder

Sehr schön spazieren kann man an der Rurtalsperre, die bei Heimbach-Hasenfeld liegt. Hier bieten sich viele kürzere oder längere Wanderungen an. Möglich ist es auch, nur teilweise um den See herum zu wandern und mit dem Schiff zurückzufahren. Wer sich jedoch noch sportlicher betätigen möchte, sollte auf die andere Seite der Talsperre, nach Rurberg fahren. Hier gibt es das große Naturfreibad Eiserbachsee mit Kinderplantschbecken, Sprungturm und Riesenrutsche. Außerdem gibt es hier auch einen Paddel- und Tretbootverleih. Ein kleineres Naturschwimmbad gibt es auch noch in Einruhr am Obersee.

Die Talsperren der Nordeifel – die Eifeler Seenplatte

Die Eifeler Seenplatte ist ein System von insgesamt neun Stauseen, die im laufe des letzten Jahrhunderts gebaut wurden. Der Bau der Urfttalsperre und des mit ihr verbundenen Wasserkraftwerks Heimbach stellen für die Eifel den Beginn der Stromerzeugung im größeren Maßstab dar. Sie wurde 1905 eingeweiht und versorgte weite Teile der Nordeifel mit der neuen elektrischen Energie. Das Prinzip der Stromerzeugung war einfach. Das Wasser wurde genutzt, um Turbinen anzutreiben, die dann wiederum leistungsfähigere Generatoren in Bewegung setzten. In den folgenden Jahrzehnten entstanden nach und nach die übrigen acht Stauseen.

Neben der Energiegewinnung wurden die Talsperren aber auch zum Hochwasserschutz gebaut. Dies war dringend nötig, da die Eifel mit 1.300 mm Niederschlagshöhe im Jahr um 20% über dem nordrhein-westfälischen Mittelwert liegt. Obwohl die Niederschläge sich gleichmäßig auf das ganze Jahr verteilen, verteilen sich die Abflussmengen auf Winter- und Sommerhalbjahr im Verhältnis 10:1, und die Extremwerte von Hoch- und Niedrigwasser schwanken sogar im Verhältnis 2000:1. Das liegt unter anderem daran, dass in den Sommermonaten mehr Regenwasser versickert, verdunstet und durch die Vegetation verbraucht wird. Im Winter glichen die Bäche und Flüsse der Eifel reißenden Gebirgsbächen und im Sommer waren sie monatelang ein kleines Rinnsal. Erst der Bau von Talsperren entschärfte die Situation, da sie die Hochwasserwellen und die Risiken von Trockenperioden auffangen konnten.

Eine weitere Aufgabe der meisten Talsperren war und ist es, die Region mit Trink- und Brauchwasser zu versorgen. Die neun Talsperren der Nordeifel können im Jahr über 80 Millionen Kubikmeter Wasser für den Aachener, Dürener und Heinsberger Raum bereitstellen. Dabei dienen die drei kleineren Talsperren Dreilägerbachtalsperre, Kalltalsperre und Perlenbachtalsperre ausschließlich der Trinkwasserversorgung. Die übrigen sechs Talsperren, nämlich Urfttalsperre, Staubecken Obermaubach, Staubecken Heimbach, Rurtalsperre Schwammenauel, Oleftalsperre und Wehebachtalsperre sind dagegen Mehrzwecktalsperren, wobei die Rurtalsperre mit einem Fassungsvermögen von etwa 100 Millionen Kubikmetern einer der größten Stauseen der Bundesrepublik ist. Nicht zu vergessen: Die Stauseen der Nordeifel stellen wesentliche Anziehungspunkte für den Tourismus dar. An jedem Wochenende suchen Ausflügler den kontrastvollen Reiz der Seen, Berge und Wälder.

Die Windenergie

In den letzten Jahren wurden zunehmend mehr Windräder in der Eifel aufgestellt und sie gehören heute ebenso selbstverständlich zum Bild der Eifel, wie früher die Mühlen, die mit Hilfe von Wasserkraft die heimische Wirtschaft in Gang hielten.

Die riesigen Windräder, die ihr überall in der Eifel sehen könnt, erzeugen Strom, also Energie. Dabei ist die Idee, Energie mit Hilfe des Windes zu erzeugen nicht neu, denn schon seit über 4.000 Jahren wird die Energie aus dem Wind von den Menschen genutzt. So lange gibt es nämlich bereits Segel. Die Segelschifffahrt war bis ins vorige Jahrhundert die einzige Möglichkeit, ohne Muskelanstrengung ein Schiff in Bewegung zu setzen. Um das Jahr 900 herum wurden Segel auch auf dem Land genutzt, um mit der Windenergie verschiedene Arbeiten zu erleichtern. In Europa gibt es seit dem 12. Jahrhundert Windmühlen, die immer weiter entwickelt wurden. Ihr

Windkraftanlagen – moderne Nutzung der Windenergie

habt doch sicher schon einmal ein kleines Windrad gehabt und beobachtet, wie es sich dreht, wenn ihr es in eine ganz bestimmte Richtung zum Wind haltet. Wenn ihr es aus dem Wind heraus gehalten habt, hat es sofort aufgehört sich zu drehen. Genauso funktionierten früher auch die großen Windmühlen. Die Flügel der Windmühlen drehten sich, wenn der Wind auf sie blies. Es kann ja aber passieren, dass der Wind mal aus einer anderen Richtung weht. Dann standen diese Windräder still. Es wurden also neue Windmühlen erfunden, die sich mit der Windrichtung drehen konnten, so genannte Bockwindmühlen, bei denen sich das gesamte Mühlenhaus mitgedreht hat (so eine Mühle steht z. B. im Freilichtmuseum Kommern).

Später wurde die Holländermühle erfunden, bei der sich nur noch die obere Spitze mitdrehte, das eigentliche Haus aber fest stehen blieb. Im letzten Jahrhundert gab es in Europa mehr als 200.000 Windmühlen, die nicht nur Korn mahlten, sondern auch – vor allem in Holland – das Wasser aus den niedrig gelegenen Landschaften pumpten. Die Windmühlen erzeugten jedoch keinen Strom, sondern trieben nur ein Gerät an, das direkt in ihrer Nähe lag, z. B. das Mahlwerk mit dem Mühlstein in einer Kornmühle. Man durfte sich aber nie auf die Windenergie verlassen, weil es ja sein konnte, dass der Wind für einige Zeit nicht fest genug blies. Dazu, und wie es einem Müller dabei erging, gibt es ein schönes Gedicht von Wilhelm Busch:

Aus der Mühle schaut der Müller,
Der so gerne mahlen will.
Stiller wird der Wind und stiller,
Und die Mühle stehet still.

„So geht's immer, wie ich finde!"
Rief der Müller voller Zorn.
„Hat man Korn, so fehlt's am Winde,
Hat man Wind, dann fehlt's am Korn."

Weil man sich auf den Wind nicht verlassen kann, kann man auch heute die Windenergie nicht als einzige Stromquelle nutzen. Neben anderen Formen der Stromerzeugung, wie z. B. die der Kohle-, Atom- und Wasserkraftwerke sowie der Solarenergie, kann sie aber sehr gut genutzt werden. Anders als Kohle, die ja irgendwann einmal aufgebraucht ist, wird es den Wind immer geben. Deshalb wird die Windenergie auch regenerative Energie genannt, da sie sich regenerieren, also erneuern kann. Die modernen Windräder erzeugen im Gegensatz zu den Windmühlen Strom. Dies ist Dank eines Generators möglich. Mit der Erfindung des Generators wird seit den 20er Jahren dieses Jahrhunderts die Stromerzeugung aus Windenergie getestet und eingesetzt. Um Strom erzeugen zu können, muss sich der Generator jedoch sehr schnell drehen. Man fand mit der Zeit heraus, je größer die Rotoren – das sind die Flügel der Windräder – sind, desto schneller dreht sich der Generator, auch wenn es vom Anschein her viel langsamer zu sein scheint, als euer kleines Windrad zu Hause. Das liegt daran, dass der Weg, den die äußeren Spitzen der Rotoren zurücklegen müssen viel länger ist, je größer das Rad ist. Ihr könnt das auch mit den Rädern von Fahrrädern vergleichen. Wenn man einmal tritt, kann man mit einem großen Rad viel weiter fahren als mit einem kleineren Kinderrad.

Man hat auch herausgefunden, dass das Windrad sich schneller drehen kann, wenn nicht so viele Rotoren dran sind. Die modernen Windräder haben deswegen meistens nur zwei oder drei Rotoren, manchmal sogar nur einen. Der Generator setzt, wie auch in einem Kraftwerk und bei eurem Fahrraddynamo, die Rotationsenergie in elektrische Energie um und kann dann in das allgemeine Stromnetz eingeleitet werden. Die Nennleistung eines Windrades beträgt 500 kwh. Im Jahr kann somit je nach Bautyp zwischen 750.000 und 920.000 kw Strom produziert werden. Das reicht, um immerhin 600 bis 750 Menschen mit Haushaltsstrom zu versorgen! Der Anteil des Stroms, der aus Windenergie gewonnen wird, macht in Deutschland jedoch weniger als 1% aus. Dieser Wert soll jedoch in der Zukunft erheblich gesteigert werden.

WILDGEHEGE HELLENTHAL

Das Wildgehege Hellenthal hat eine einzigartige Greifvogelstation mit täglichen Vorführungen. Einheimische Wildtiere sind zu betrachten, und es gibt einen Kinderzoo. Es empfiehlt sich allerdings, die Wochenenden wegen des großen Besucherandrangs zu meiden.

Wem gehört wohl dieses Geweih?

HOCHWILDPARK RHEINLAND

In dem 80 ha großen Hochwildpark kann man zum Teil von Beobachtungsbühnen aus Elche, Auerochsen, Rothirsche, Dam-, Reh- und Muffelwild, Steinböcke, Wildschweine und viele andere Tiere beobachten. Außerdem gibt es noch ein Streichelgehege, einen großen Kinderspielplatz und ein Waldrestaurant.

SOMMER-RODELBAHN

Die Sommer-Rodelbahn in Mechernich-Kommern ist 680 m lang. Außerdem gibt es einen Kinderspielplatz mit einem „richtigen" Bagger, eine Trampolin- sowie eine Minigolfanlage und als Besonderheit „Disko-Rodeln".

PONYREITEN

In Rurberg können Kinder ab 4 Jahren Ponyreiten. Das Angebot umfasst Streicheln, Striegeln, Füttern, Ponyverleih, Wanderreiten für Kinder, Abenteuerspiele rund ums Pony sowie Kinderreitlager mit Reiterspielen, Zeltstadt und Lagerfeuer. Außerdem werden noch Reitstunden für Anfänger und Fortgeschrittene angeboten.

RADIOTELESKOP EFFELSBERG

Von Effelsberg aus schauen die Wissenschaftler des Bonner Max-Planck-Instituts für Radioastronomie in das Weltall. Um die Wellen aus dem All zu empfangen, brauchen sie einen großen Reflektor. In Effelsberg steht der größte der Welt. Es ist ein vollbeweglicher Parabolreflektor mit einem 100 m Teleskop. Der Reflektor ist so groß wie ein Fußballfeld (7.850 m^2). Die Radiostrahlen im Wellenlängenbereich zwischen 90 cm und 6 mm, die dort aufgefangen werden, verraten etwas über die Bausteine der Galaxien, ob, wie und wo neue Sterne entstehen, und was es mit den schwarzen Löchern auf sich hat. Mit diesem Teleskop könnte man sogar Tischtennisbälle auf dem Mond sehen.

Das größte Ohr zum All – Teleskop Effelsberg

Vom Parkplatz aus führt eine Anliegerstraße etwa 300 m lang zu einer Aussichtsplattform. Hier stehen Schautafeln, die das Funktionieren des Reflektors verdeutlichen. Die Anlage selbst darf nicht betreten werden, da Erschütterungen die Arbeit beeinträchtigen könnten. Fotografieren ist aber erlaubt, und es gibt unter der Woche Tonbildvorführungen mit einem Münzautomaten.

Das Max-Planck-Institut für Radioastronomie bietet Informationsvorträge mit Film- und Lichtbildvorführungen für Gruppen von 15-80 Personen an (Voranmeldung erforderlich). Kleinere Gruppen und einzelne Besucher können sich den angemeldeten Gruppen anschließen. Im Sommer ist ein Kiosk / Imbiss am Parkplatz geöffnet.

Das Hohe Venn – ein Hochmoor in der Eifel

Das Hohe Venn ist ein etwa 400 km^2 großes Naturschutzgebiet zwischen Monschau, Malmedy, Spa, Eupen und Roetgen. Das Venn ist wie ein riesiger Schwamm, dessen Moose auf einer Fläche von einem Quadratmeter bis zu 72 Liter Wasser aufnehmen können. Hier können die vielen Niederschläge (bis zu 1.400 mm) lange gebunden werden und dann langsam die vielen kleinen Rinnsale und Bäche speisen, die ihren Ursprung im Venn haben und zu den Flüssen werden, die unter anderem für die Eifel so bedeutend sind.

Das Hohe Venn ist ein so genanntes Hochmoor – und zwar nicht weil es so hoch liegt, sondern weil es in die Höhe wächst. Dieses Hochmoor konnte hier entstehen, da der Untergrund aus graubraunem Tonschiefer und Quarzit besteht, der zu einem grauen, tonigen Lehmboden verwittert. Dieser Boden ist so fein, dass man seine kleinsten Körnchen nicht mehr mit der bloßen Hand fühlen kann. Das bedeutet auch, dass der Boden von einer enormen Dichtigkeit ist, durch die Wasser kaum durchsickern kann

Immer schön auf dem Weg bleiben – wandern im Hohen Venn
▼

Torfstechen anno dazumal – eine Szene im Naturparkzentrum Botrange

und sich demnach obenauf staut. Für die Entstehung des Hochmoors ist aber auch das Klima von entscheidender Bedeutung. Die feuchten atlantischen Westwinde müssen an diesem ersten großen Hindernis seit der Nordsee aufsteigen und dabei Steigungsregen ablassen, was zu den extrem hohen Niederschlagsmengen mit viel Schnee und Nebel führt. Hinzu kommen die niedrigen Durchschnittstemperaturen mit einem Jahresmittel von nur knapp 7° C. All dies lässt jedoch noch kein Hochmoor entstehen, sondern entscheidend ist, dass das Venn kein Berg mit einer Bergkuppe ist, sondern vielmehr ein Hoch-Plateau, in dem sich die vielen Niederschläge wie in einer flachen Schüssel sammeln können.

Genau diese Bedingungen sind ideal für Torfmoos, das hier das Moor bildet. Dabei hat Torfmoos die besondere Fähigkeit, anders als z. B. Bäume und Sträucher, Wasser und die darin enthaltenen Nährstoffe über die gesamte Oberfläche aufzunehmen und zu speichern. Dadurch können untere Teile der Pflanze absterben, ohne dass die Pflanze in ihrem Wachstum beeinträchtigt wird. Das Torfmoos wächst also auf sich selbst nach oben und lässt unten die abgestorbenen Pflanzenteile zurück, die dann als Torf bezeichnet werden. Auf diese Weise wächst das Hochmoor etwa 1 mm im Jahr. Da die Torfschichten im Hohen Venn an einigen Stellen bis zu 8 m dick sind, lässt das auf ein Alter von 8.000 Jahren schließen!

Bis in die Mitte des 19. Jahrhunderts nahm das Moor noch eine wesentlich größere Fläche ein, bis die Menschen vor allem durch zwei Maßnahmen entscheidend in dieses empfindliche Ökosystem eingriffen: Bis zum Anfang des 20. Jahrhunderts stachen die Bauern in den umliegenden Dörfern Torf ab, um damit zu heizen, und die Preußen legten riesige Fichtenschonungen als Windschutz und zur Holzplantage an. Außerdem wurde das Venn in weiten Flächen durch Dränagen trocken gelegt. Heute versuchen Naturschützer, diese Entwicklung an einigen betroffenen Stellen wieder rückgängig zu machen.

Wer diese faszinierende Landschaft erleben möchte, muss sich jedoch an einige Regeln halten. Das Venn darf nur in den wenigsten Gebieten frei betreten werden, der so genannten Zone A. Die Zone B darf nur auf markierten Wegen, Zone C nur in Begleitung eines Führers und Zone D überhaupt nicht betreten werden. Um die Pflanzen und Tiere zu schonen, sollte man immer auf den Holzstegen bleiben und dort, wo es keine gibt, möglichst in der Mitte des Weges gehen und nicht am festeren Rand, da ansonsten der Weg immer weiter ausgetreten wird. Das Patschen durch die matschigen Wegmitten (Gummistiefel!) macht ohnehin viel mehr Spaß! Im Venn gilt außerdem absolutes Rauchverbot, und natürlich dürfen auch keine Feuer gemacht werden, da das Moor extrem brandgefährdet ist und ein Torffeuer kaum zu löschen ist. Es ist selbstverständlich, dass in diesem Naturschutzgebiet keine Pflanzen gepflückt werden dürfen. Und Hunde müssen auf den Venn-Spaziergang leider verzichten.

Naturschutzzentrum Nettersheim

Das Naturschutzzentrum ist ein Überregionales Informations- und Umweltbildungszentrum im Deutsch-Belgischen-Naturpark. Es gibt hier eine bedeutende Ausstellung über die Besiedlungsgeschichte von der Steinzeit bis ins Mittelalter, eine Erlebnisausstellung zur Kultur und Natur der Eifeler Landschaft, ein eingerichtetes Bauernhaus von 1896 mit Bauern- und Färbergarten, eine Fossiliensammlung mit einem Querschnitt durch „400 Millionen Jahre Wald", historische Werkhäuser einer Kalkbrennerei aus dem 19. Jahrhundert mit geologischer Ausstellung sowie einer voll funktionstüchtigen historischen Getreidemühle, in der aus biologisch angebautem Getreide Mehl gemahlen und Brot gebacken werden kann. Das Naturschutzzentrum veranstaltet außerdem Exkursionen für die ganze Familie (Jahresprogramm). Für Gruppen und Schulklassen wird das Aktivprogramm „Klassenfahrt mal anders" angeboten (mit Unterkunft). Außerdem gibt es hier auch einen Hochseilgarten.

Eifeler Familiensommer

Die Eifel-Touristik NRW e.V. gibt jedes Jahr ein Faltblatt mit geballten Tipps für die Sommerferien heraus. Für jeden Wochentag sind bis zu fünf verschiedene Veranstaltungen in der Nordeifel vorgesehen. Da braucht sich keiner zu langweilen. Das Spektrum der Aktivitäten geht von Bastelspaß über Wanderungen und Ausflugsfahrten (z. B. zu einem Ponyhof) bis zur Wasserschlacht im Schwimmbad. Außerdem werden noch weitere Extratipps und Hinweise zu Sonderveranstaltungen gegeben. Für Eltern, die auch einmal etwas allein unternehmen möchten, wird sogar eine Ferienoma angeboten.

Serviceseiten

Alle Infos über die Verkehrsämter ab S. 179

Tour 1

Heimatmuseum
Langenhecke 6 / 53902 Bad Münstereifel / Tel., Fax: 02253-8027
Führungen unter Tel.: 02253-542244
Öffnungszeiten: Di-Fr 10-12 Uhr, Mi zusätzlich 14-16 Uhr, Sa-Mo geschlossen

Zinngießerei
In der Dreimühle 5 / 53902 Bad Münstereifel / Tel.: 02253-7696
Öffnungszeiten: täglich 10-18 Uhr

Handwebmuseum Rupperath
Schulweg 1-3 / 53902 Bad Münstereifel-Rupperath / Tel.: 02257-831
Öffnungszeiten: April–Oktober: So 14-16 Uhr / **Führungen** nach Vereinbarung

Apotheken-Museum
Werther Straße 13–15 / 53902 Bad Münstereifel / Tel., Fax: 02253-7631
Führungen nach Vereinbarung unter Tel.: 02253-542244
Öffnungszeiten: Di-Fr 14-17 Uhr, Sa, So, Fei 11-16 Uhr, Mo geschlossen

Tour 2

Rotes Haus
Laufenstraße 10 / 52156 Monschau / Tel.: 02472-5071, Fax: 02472-9877604
Öffnungszeiten: Karfreitag–30. November: Di-So Einlass um 10, 11, 14, 15, 16 Uhr

Burgenmuseum www.burgenmuseum-nideggen.de
Burg / 52358 Nideggen / Tel.: 02427-6340
Öffnungszeiten: täglich 10-17 Uhr, letzter Einlass 16.30 Uhr, Mo geschlossen

Monschauer Senfmühle www.senfmuehle.de
Historische Senfmühle Monschau / Laufenstraße 116-124 / 52156 Monschau
Tel.: 02472-2245, Fax: 02472-5999 / **Führungen:** für Einzelpersonen Mi 11, 14 Uhr, für Gruppen ab 12 Personen Di-Sa nach schriftlicher Vereinbarung

Monschauer Glashütte www.glashuette-monschau.de
Römische Glashütte / Burgau 15 / 52156 Monschau / Tel.: 02472-990160
Fax: 02472-990162 / **Öffnungszeiten:** täglich 10-18 Uhr

Sommerbobbahn in Monschau-Rohren
Tel.: 02472-4172 / **Öffnungszeiten:** 01. April–01. November: täglich 10-18 Uhr

Tour 3

Römische Kalkbrennerei
Kalkarer Weg / 53902 Bad Münstereifel-Iversheim / Tel., Fax: 02253-3385 (auch für Führungen) / **Öffnungszeiten:** Sa 13-16 Uhr, So, Fei 11-16 Uhr

● Was es sonst noch gibt – Rund um Schleiden/Gemünd

Freilichtmuseum Kommern www.kommern.lvr.de
Rheinisches Freilichtmuseum – Landesmuseum für Volkskunde / Auf dem Kahlenbusch 53894 Mechernich-Kommern / **Kontakt:** Frau Hamacher, Tel.: 02443-9980170 christine.hamacher@lvr.de / **Öffnungszeiten:** 01. April–31. Oktober: täglich 9-19 Uhr, letzter Einlass: 18 Uhr / 01. November–28. März: täglich 10-17 Uhr, letzter Einlass: 16 Uhr

Bauernmuseum Lammersdorf www.bauernmuseum-lammersdorf.de
Bahnhofstraße 3 / 52152 Simmerath-Lammersdorf
Tel.: 02473-8078 / **Öffnungszeiten:** April–Oktober: So, Fei 11-18 Uhr
Gruppenführungen ganzjährig auf Voranmeldung (Tel.: 02473-8078)

Aachen

Domschatzkammer www.domschatzkammer-aachen.de
Klostergasse / 52062 Aachen / Tel.: 0241-47709127 / **Öffnungszeiten:** Januar–März: Mo 10-13 Uhr, Di-So 10-17 Uhr, 1. Do im Monat 10-22 Uhr, April–Dezember: Mo 10-13 Uhr, Di, Mi, Fr-So 10-18 Uhr, Do 10-21 Uhr / **Tipp:** Hier starten auch die Domführungen

Couvenmuseum
Hühnermarkt 17 / 52062 Aachen / Tel.: 0241-4324421 / **Öffnungszeiten:** Di-So 10-17 Uhr

Töpfereimuseum www.toepfereimuseum-langerwehe.de
Pastoratsweg 1 / 52379 Langerwehe / Tel.: 02423-5990
Öffnungszeiten: Mo-Fr 10-13, 14-18 Uhr, So, Fei 11-18 Uhr, Sa geschlossen

Grube Wohlfahrt www.grubewohlfahrt.de
Besucherbergwerk „Grube Wohlfahrt" / Aufbereitung II 1 / 53940 Hellenthal
Tel.: 02448-911140, Fax: 02448-637 / Heimatverein.Rescheid@t-online.de
Führungen: täglich 11, 14 und 15.30 Uhr
Ausstellungen im Grubenhaus: täglich 10.30-11.30 und 13.30-17.30 Uhr.
Außerhalb dieser Zeiten und für Gruppen über 10 Personen auf Voranmeldung

Grube Günnersdorf
Bergbaumuseum und Besucherbergwerk „Grube Günnersdorf"
Bleibergstraße 6 / 53894 Mechernich / Tel.: 02443-48697, Fax: 02443-8204
Öffnungszeiten: So 11-16 Uhr, Di-Sa 14-16 Uhr, Mo geschlossen
Führungen ab 7 Personen nach Voranmeldung möglich

Eifelmuseum www.eifelmuseum-blankenheim.de
Ahrstraße 55-57 / 53945 Blankenheim / Tel.: 02449-95150, Fax: 02449-951520
eifelmuseum-blankenheim@t-online.de / **Öffnungszeiten:** Sa-Do 14-17 und So 10-12.30 Uhr, Fr geschlossen, zusätzlich Mai–Oktober: 10-12.30 Uhr

Der Westwall www.westwallmuseum-irrel.de
Westwallmuseum Katzenkopf / Touristinformation Irrel
Auf Omesen / 54666 Irrel / Tel.: 06525-492, Fax: 06525-79146
Führungen: April–September: So, Fei 14-17 Uhr und nach Vereinbarung

Rurtalsperre und Naturschwimmbäder www.rursee-schifffahrt.de
Rursee-Schifffahrt GmbH / Brementhaler Straße 25 / 52396 Heimbach
Tel.: 02446-479, Fax: 02446-1267/ info@rursee-schifffahrt.de

Naturfreibad Rurberg / Tel.: 02473-94950 **Naturfreibad Einruhr** / Tel.: 02485-317
Angeln im Rursee / Tel.: 02474-264
Segeln auf dem Rursee /Segelschule Becker / Tel.: 02446-1497 oder 02422-5752

Wildgehege Hellenthal www.wildgehege-hellenthal.de
53940 Hellenthal / Tel.: 02482-2292, Fax: 02482-2212/ wildgehege-hellenthal@t-online.de
Öffnungszeiten: 01. April–14. November: 9-18 Uhr
15. November–31. März: Mo-Fr 10-17 Uhr, Sa, So, Fei 9-17 Uhr

Hochwildpark Rheinland www.hochwildpark-rheinland.de
53894 Mechernich-Kommern / Tel.: 02443-6532, Fax: 02443-911828
Öffnungszeiten: täglich von 9 Uhr bis zur Dämmerung

Sommer-Rodelbahn
Tel.: 02443-981380, Fax: 02443-981381 / info@freizeit-insel.de
Öffnungszeiten: April–Oktober: täglich 10-22 Uhr, November–März: Sa, So, Fei 10-18 Uhr

Ponyreiten / Bollard 14 / Tel.: 02473-4001

Radioteleskop Effelsberg www.mpifr-bonn.mpg.de/public
Max-Planck-Institut für Radioastronomie / 53902 Bad-Münstereifel-Effelsberg
Tel.: 02257-301101 (vormittags), Fax: 02257-301105 / public@mpifr-bonn.mpg.de
Informationsvorträge: April–Oktober: Di-Sa 10, 11, 13, 14, 15, 16 Uhr

Das Hohe Venn www.centrenaturebotrange.be
Naturparkzentrum Botrange / Route de Botrange 131 / B-4950 Robertville
Tel.: 0032-(0)80-440300, Fax: 0032-(0)80-444429, info@centrenaturebotrange.be

Naturschutzzentrum Nettersheim www.nettersheim.de
Tourist-Information im Naturerlebnisdorf Nettersheim
Naturschutzzentrum Eifel / Römerplatz 8-10 / 53947 Nettersheim / Tel.: 02486-1246,
Fax: 02486-203048 / nettersheim@eifel-online.de / **Öffnungszeiten:** Mai–Oktober:
Mo-Fr 9-16 Uhr, Sa, So 10-18 Uhr, November–April: Mo-Fr 9-16 Uhr, Sa, So 10-17 Uhr

Rund um

Mayen in 5 Touren

OSTEIFEL

Tour 4
MAYEN

Tour 5
GRUBENFELD
VULKANE
SCHLOSS BÜRRESHEIM

MAYEN

Tour 6
LAACHER SEE

Tour 7
BURG ELTZ

WAS ES SONST
NOCH GIBT

Tour 8
NÜRBURGRING

Tour 4

Die grausame Sage von Genoveva und dem Ritter Golo

Das Städtchen Mayen und das Eifeler Landschaftsmuseum

Mayen hat eine zum Bummeln einladende Innenstadt mit netten alten Häusern und zahlreichen Geschäften. Mittelpunkt des Ortes ist der große Marktplatz mit Brunnen. Am Rande des Platzes, neben der Touristen-Information im alten Rathaus, stehen zwei Figuren, die ein Mayener Mädchen und einen Mayener Jungen darstellen. Leider sind, mit Ausnahme des alten Rathauses aus dem 18. Jahrhundert, viele alte Häuser nicht mehr im Originalzustand erhalten. Mayen war 1944 und 1945 Ziel vieler Bombenangriffe. Nach dem Luftangriff vom 2. Januar 1945 war die Stadt zu 87% zerstört. Mayen war im Zweiten Weltkrieg ein strategisch wichtiger Ort, weil sich hier, an der Eisenbahnlinie in die Eifel, die Truppen zur letzten Offensive gesammelt hatten. Schon zur Römerzeit war Mayen ein wichtiger Marktort. Wie Wittlich lag Mayen (lat. Magos = Feld) am Knotenpunkt mehrerer Römerstraßen. Bereits vor Christi Geburt wurden im Bereich von Mayen Basalt, Tuffstein und Bims (schaumig abgekühlte Lava) abgebaut. Dass Mayen so früh ein wirtschaftlich bedeutender Ort werden konnte, hat mit der vulkanischen Tätigkeit im Gebiet zu tun. Die Vulkane um Mayen gehörten zu den eiszeitlichen, basaltischen Vulkanen. An den Kraterrändern überflutete das Basaltmagma die Landoberfläche. Basalt ist ein schwarzes, hartes Gestein, das entsteht, wenn flüssige Lava langsam abkühlt und erstarrt. Oft bilden sich dabei regelmäßige sechseckige Säulen.

Außerdem wurden bei den Eruptionen gasförmige Stoffe ausgestoßen. Sie entwichen in die Atmosphäre und rissen leichte und gasreiche Teilschmelzen mit, die sich als Lockerdecken und Bimsstein ablagerten. 350.000 – 400.000 Jahre dauerte die Vulkantätigkeit an, erst seit ungefähr 10.000 Jahren ist sie abgeschlossen. Wirtschaftlich verwertet wird das Vulkangestein bis heute.

In den auf die Römerzeit folgenden Jahrhunderten wurde in Mayen neben dem Bergbau auch durch die Töpferei Geld verdient. Im Mittelalter wurde Mayen Reichsgebiet – durch Schenkung an die Erzbischöfe von Trier, unter deren Herrschaft es bis 1794 blieb. Als Bollwerk gegen die Ausdehnungsversuche der Erzbischöfe von Köln wurde vom Trierer Erzbischof Heinrich von Vingstingen um 1280 in Mayen eine Burg errichtet. Nach deren Erbauung wuchs die Bevölkerung an. 1291 wurde Mayen Stadt. Die gesamte Stadtbefestigung war 1326 weitgehend vollendet. In Mayen

Eifeler Schiefergestein

blühte im weiteren Verlauf des Mittelalters das Handwerk. Ein weiteres zentrales Ereignis für die Stadt Mayen erfolgte im 18. Jahrhundert: Am 17. Oktober 1794 wurde Mayen von den Franzosen besetzt. Nach dem Wiener Kongress 1815, als die Rheinlande zu Preußen gelangten, entstand der preußische Landkreis Mayen. Viele Beamte, Fabrikarbeiter und Handwerker zogen in die Stadt. Es wurden neue Gewerbebetriebe gegründet, z. B. Papiermühlen und Brauereien. Mit der Erfindung der Dampfmaschine wurde Bergbau auch in Tiefen unterhalb des Grundwasserspiegels möglich. Das Wasser konnte nun mit Maschinenkraft hochgepumpt werden. Es entstand eine der größten deutschen Dachschiefergruben mit Abbautiefen bis zu 124 m. Schließlich brachte der Bau der Eisenbahnlinie nochmals den Fortschritt nach Mayen.

Von den erhaltenen Teilen der Stadtmauer fällt der große viereckige Turm auf. Noch bis 1840 erfolgte die einzige Straßenverbindung Mayens mit der Eifel durch ihn hindurch. Dieser Turm heißt Obertor. Früher umspannte die Stadtmauer die ganze Stadt. Vor der Stadtmauer befand sich als zusätzliche Absicherung noch ein 15–20 m breiter Graben. Am kleineren, ebenfalls viereckigen, Brückentor führt über das Flüsschen Nette eine Steinbrücke, die bereits 600 Jahre alt ist! Zum Brückentor gelangt man vom Marktplatz aus über die Marktstraße, dann nach rechts über die Brückenstraße.

Vom Marktplatz aus geht es auch zur Genovevaburg, in der das Eifeler Landschaftsmuseum untergebracht ist. Die Burg hat eine wechselvolle Geschichte hinter sich. Die erste Burganlage stammt noch aus dem 13. Jahrhundert. Nach mehrfacher Zerstörung und Wiedererrichtung stieß ihr im 19. Jahrhundert noch einmal ein verhängnisvolles Schicksal zu: Sie wurde regelrecht wieder abgebaut. Dies geschah nicht etwa durch feindliche Truppen. Vielmehr ließ der auf der Burg wohnende kurtrierische Hofkammerrat und zeitweilige Bürgermeister der Stadt Mayen, Johann Philipp Hartung, das Schloss bei einer Versteigerung durch seinen Sohn für 8.100 Francs ersteigern. Nach dem Kauf veranlasste er den Abriss des Amtshauses, um das so gewonnene Baumaterial wieder zu verkaufen. Allein aus dem Verkauf der kupfernen Dachabdeckung soll er den Ersteigerungspreis erzielt haben. Natürlich gab es auch später noch weitere Veränderungen, z. B. aufgrund eines Brandes zu Beginn dieses Jahrhunderts. Es hieß in der Weserzeitung in Bremen hierüber am 12. November 1902:

„Die Fallpforte und die zwischen ihr und dem Amtshaus (Marstall) gelegenen Gebäude waren von mindestens zwölf gering bemittelten Haushaltungen bewohnt, die mit Lebensgefahr nur teilweise ihr Hausgerät retteten. Bei jetzt einbrechender Nacht sieht die brennende Burg grauenhaft schön aus; sie wird wohl noch die ganze Nacht brennen, und die Feuerwehr hat Mühe, das nach dem Markt zu stehende Gebäude mit seinen beiden wieder aufgeführten Flankentürmen zu retten.“

Heute ist die Burg ein Museum. Man sollte ruhig viel Zeit zum Anschauen mitbringen. Bereits um die Burg herum ist vieles ausgestellt: alte Mühlsteine, eine Grubenwinde, römische Fundamente, ein Wegekreuz und vieles mehr. Innen gibt es so viele verschiedene Abteilungen, dass man sie mit Kindern kaum alle anzusehen schafft. Es gibt Sammlungen zur Vor- und Frühgeschichte sowie zur Römerzeit, Bauern- und Handwerkerstuben und viele zur Volkskunde (z. B. Hauben) und zum Handwerk gehörende Ausstellungsstücke (Werkzeuge). Nicht verpassen sollte man die Darstellungen zum Bergbau von der Steinzeit bis in die Gegenwart. An Modellen wird gezeigt, wie vor über 2.000 Jahren Steine gebrochen wurden. Und wie alles sich vereinfachte, als die technisch begabten Römer hinzukamen ...

Dann sollte man sich die Handwerker- und Eifelstuben ansehen. Hier erfährt man z. B., wie Strümpfe gewirkt wurden. Oder, dass die erste Nähmaschine mit automatischem Transport von einem Mayener namens Krens 1800 erfunden wurde. Seltenes Material wurde verwendet beim Bau eines Vogelkäfigs aus Pfaffenhütchenholz. Beeindruckend ist auch der riesige Blasebalg aus Rindsleder in der Nägelschmiede. Skurril: Bei der volkskundlichen Sammlung findet man eine Kleinkindermütze, die für das Laufenlernen bestimmt war und vor Kopfverletzungen schützen sollte.

▲ Die Genovevaburg

In einer der Vitrinen zum Handwerk kann man eine alte Goldwaage sehen. Auf kleinen Gewichten ist der entsprechende Gegenwert in damaligen Währungen eingraviert: Louisdor, Maxdor, Guinee, Pistol und viele andere. Zu sehen sind auch „Geldkatzen“, strumpfähnliche Gebilde, in denen das Kleingeld transportiert wurde. Ein „Schlotterfass“ ist ein Köcher zum Aufbewahren des Wetzsteines!

Zwischen den einzelnen Ausstellungsräumen führt der Weg in den Bergfried, den Goloturm, der bestiegen werden kann. Hierzu gibt es auch eine Geschichte: Zu dem Bergfried führte eine außenliegende Holztreppe, die eingezogen werden konnte, wenn sich die Bewohner ins Innere geflüchtet hatten. Die Eingangstür konnte von innen und außen verschlossen werden. Dies war praktisch, denn im Turm wurden zuweilen auch Gefangene untergebracht. Der kurfürstliche Amtmann, der auf der Burg seinen Dienstsitz hatte, war Richter im Oberamt Mayen. Für die Unterbringung von Häftlingen waren zwei Gefängniszellen unten im Turm eingerichtet. Diese beiden Zellen enthalten noch heute zahlreiche Einritzungen ihrer unfreiwilligen Besucher. Z. B. wurde eingeritzt: „DIES SUMENS SOLVAR“, auf deutsch: So verbringe ich die Tage bis zu meiner Erlösung.

Der Turm ist nach dem Ritter Golo benannt. Nach der Legende war Golo ein Ritter am Hofe des Siegfried und seiner Frau Genoveva. Ein ganzer Raum in der nach Genoveva benannten Burg ist der Genovevalegende gewidmet. Es gibt verschiedene Geschichten um sie. Die bekannteste Legende (nach Fridolin Hölter) erzählt Genovevas Leben so:

Die Genovevalegende

Genoveva soll die Ehefrau des Trierischen Pfalzgrafen Siegfried gewesen sein. Die beiden liebten sich sehr, aber leider war ihre Ehe bislang kinderlos geblieben. Genoveva war sehr schön, und sie hatte ein gutes Herz.

Von ihrem Reichtum gab sie das meiste an die Armen weiter. Als nun der Pfalzgraf um 730 n. Chr. zu einem Kreuzzug aufbrach, ließ er sein gesamtes Besitztum und die ihm Anvertrauten unter Ritter Golos Obhut zurück. Golo wurde vereidigt und zum Hauptverwalter ernannt. Genoveva begab sich in den „Mayengau" in das Schloss „Simmern". Dort verabschiedete sich der Burggraf noch einmal von ihr, und Genoveva empfing in der Abschiedsnacht ein Kind.

Nachdem der Graf abgereist war, verliebte sich Golo in die Gräfin und versuchte, sie mit allen Mitteln für sich zu gewinnen. Sie gab seinem Drängen aber nicht nach. Immer wieder versuchte Golo es. Ohne Erfolg, obwohl er Genoveva bedrohte, sie schlecht behandeln ließ und ihr sogar vorspiegelte, der Graf sei ums Leben gekommen. Zwischenzeitlich kehrte Graf Siegfried aus dem Krieg zurück und Golo bekam Angst. Eine alte Frau riet ihm zu einer List. Er sollte dem Grafen erzählen, das Kind stamme nicht von Siegfried, sondern sei das Kind des Kochs.

Siegfried, dessen Ehe ja bislang kinderlos geblieben war, glaubte dieser Geschichte und verurteilte Genoveva und das Kind zum Tode. Genoveva wurde daraufhin mit dem Kind zum Töten in den Wald gebracht. Die Diener brachten es aber nicht über sich, die unschuldige Genoveva umzubringen. Sie nahmen ihr das Versprechen ab, nie mehr aus dem Versteck im Wald herauszukommen. Dann töteten sie einen Hund, schnitten ihm die Zunge heraus und brachten sie Golo als angebliche Zunge Genovevas mit. Der war froh, dass seine Feindin besiegt war. Genoveva aber lebte nun allein im Wald und musste sich von Beeren und Kräutern ernähren. Da sie bei diesem harten Leben selbst nicht genug Milch hatte, um ihr Baby zu stillen, flehte sie die Gottesmutter Maria, die ihr schon zuvor geholfen hatte, um Hilfe an. Das Wunder geschah: Eine Hirschkuh kam und gab ihre Milch für das Baby. So lebte Genoveva mit ihrem Kind mehr als sechs Jahre allein im Wald. Pfingsten des Jahres 736 begab sich dann Graf Siegfried mit seinem Gefolge zum Jagen in den Wald. Dabei entdeckten sie die Hirschkuh und folgten ihr bis zum Versteck der Genoveva. Dort beschützte Genoveva die Hirschkuh, indem sie die Hunde mit Stöcken vertrieb. Siegfried aber erkannte nach einigem Befragen, dass es sich bei der Einsiedlerin um seine verstorben geglaubte Frau und das gemeinsame Kind handeln musste. Er nahm beide in seine Burg auf. Ritter Golo wurde als Lügner entlarvt und grausam getötet. Genoveva ernährte sich auch in der Burg nur mit den Kräutern des Waldes. Sie verließ den Wald nur unter der Bedingung, dass an ihrer Zufluchtstelle eine Kirche zu Ehren Marias eingerichtet wurde. Am 2. April des Jahres 737 starb Genoveva.

Mehr über Genoveva erfahrt ihr bei einem Abstecher nach Frankreich. Die Fraukirche ist, so wie sie jetzt zu sehen ist, ein Bau aus dem 13. Jahrhundert. Früher bestand die Kirche aus drei Schiffen, die beiden Seitenschiffe waren aber baufällig und wurden deshalb abgerissen, die Bogengänge zugemauert. Die Kirche ist normalerweise verschlossen. Die Bewohner des Fraukircher Hofs schließen aber auf.

Erinnert ihr euch noch an die Geschichte von Genoveva? Dies soll nach der Legende die von ihr gestiftete Kirche sein. Schaut euch einmal genau den Hochaltar an: Er wurde 1664 aus Eifeler Tuffstein gemeißelt. In der Mitte könnt ihr Szenen aus der Legende sehen: den Abschied Siegfrieds, Genoveva in der Wildnis, die Wiederfindung, den Kirchenbau und die Hinrichtung des Ritters Golo. Sucht einmal zwei alte Grabplatten, auf denen ein Mann in Ritterrüstung und eine Frau dargestellt sind. Diese Platten sind 600 Jahre alt! Natürlich sollen sie Siegfried und Genoveva darstellen. Ursprünglich befand sich in der Kirche auch ein Schrein mit den Gebeinen, die unter der Kirche entdeckt worden waren. Irgendwann nach der Jahrhundertwende sind sie spurlos verschwunden.

Soweit die Legende. Urkundlich lässt sich zwar ein Trierer Graf mit dem Namen Siegfried feststellen, dessen Frau hieß aber Gertrud. Vielleicht handelte es sich daher nur um einen niedriger gestellten Grafen, der den Titel zur Verschönerung der Geschichte bekommen hatte. Reste einer Burg lassen sich im Bereich des Mayener Burgberges tatsächlich nachweisen. Die von Genoveva gewünschte Kirche könnte die „Fraukirch" südlich Niedermendigs sein. Unter dem Altarbereich hat man nämlich drei Gräber aus frühkarolingischer Zeit, die älter als die ältesten Kirchenfundamente sind, erkennen können. Die Menschen haben jedenfalls immer daran geglaubt, dass Genoveva hier versteckt gewesen sein sollte. Daher wurden früher viele Prozessionen nach Fraukirch gemacht. Aber auch die Höhle auf dem Hochstein bei Ettringen hielten die Menschen früher für ihre Zufluchtsstätte. Wer sich weiter auf Spurensuche nach Genoveva begeben will, muss daher zur Genovevahöhle oder nach Fraukirch fahren.

Badezentrum Mayen mit Riesenrutschbahn

Extra

In Mayen gibt es ein großes Badezentrum mit Frei- und Hallenbad. Das Hallenbad ist ein großes, aber herkömmliches Schwimmbad mit Kinderplantschbecken, Sauna, Solarium und Café. Neben dem Hallenbad ist das Gartenbad mit der „Rolba-Nautic-Bahn". Diese Rutschbahn ist 140 m lang und geht über einen Höhenunterschied von 14 m. Das Freibad hat mehrere Schwimmbecken und eine Wiese mit schattigen Bäumen. Das Badezentrum befindet sich an der parallel zur Nette gelegenen Bachstraße.

Tour 5

Ritterburg mit feinem Salon

Rundfahrt durch das Mayener Grubenfeld, vorbei an den Hochsimmer- und Hochsteinvulkanen zum Schloss Bürresheim

Von Mayen aus geht es zunächst in Richtung Ettringen. Die Straße führt am Mayener Grubenfeld über einen Damm, vor dem man gut halten kann.

Kurz hinter Mayen beginnt das Mayener Grubenfeld. Die Straße führt über einen Damm zwischen den Gruben hindurch. Der Damm ist ein erstarrter Lavastrom. Kurz vor dem Damm kann man auf der linken Straßenseite gut halten. Es lohnt sich, hier auszusteigen und sich einmal umzusehen. Das Gelände ist aber sehr gefährlich und für Kinder nur in Begleitung Erwachsener geeignet. Kleine Kinder müssen an die Hand.

Bis zum Zweiten Weltkrieg wurde hier Basalt gebrochen. Seitdem wurde der Basalt von Stahl und Beton weitgehend verdrängt, die Gruben wurden verlassen. Der Lavastrom war hier bis zu 25 m dick und die Steinbrucharbeiter haben sich teilweise bis auf den Grund gearbeitet. Der Weg, der am Halteplatz beginnt (durch Steinbrocken für Autos gesperrt), führt an den Rand einer Grube. Auf halber Strecke geht rechts noch ein anderer Weg ab, der bald zum Pfad durchs Gebüsch wird und an einem alten Kran endet. Unmittelbar neben dem Kran geht es steil in die Tiefe. Freeclimber begeben sich zum Üben hierhin – eigentlich nicht erlaubt. Die Natur erobert sich die Gruben zurück. Die hitzespeichernden Wände sind Brutplätze für Steinschmätzer, Hausrotschwänze und Turmfalken. Unten in den immerfeuchten Schluchten gedeihen Moose und Pilze (mit so seltsamen Namen wie Tintenfischpilz und Hexenei), und es leben dort verschiedene seltene Krötenarten. Die Kräne hat man beim Aufgeben der Gruben einfach stehengelassen. Ihre Holzverkleidung verwittert immer mehr und ist teilweise schon abgefallen. Innen sind die großen, verrosteten Zahn-Antriebsräder zu sehen.

▲ Auch sie lieben es feucht – ein Krötenpaar

Weiter geht es über den Damm nach Ettringen

Vor dem Ort, auf der rechten Seite, liegt einer der drei Vulkankegel der Gegend, der Hochstein. Der Hochstein ist ein vergleichsweise „junger“ Vulkan, etwa 260.000 Jahre alt, und er ist auch nicht so sehr hoch (563 m). Von diesem Vulkan ging nur ein geringerer Lavastrom aus.

Unmittelbar hinter dem Ortsausgang von Ettringen nach links auf eine kleinere Landstraße abbiegen.

Auf der linken Seite, hinter dem Ort Ettringen, befindet sich der Hochsimmer, der mit 583 m der höchste Vulkan der Gegend ist. Von hieraus kann man die Moto-Cross-Bahn Ettringen sehen. Wenn dort trainiert wird, macht es den meisten Kindern Spaß zuzusehen, wie die Cross-Motorräder die bucklige Strecke bewältigen. Manchmal fliegen die Maschinen nach einer Schanze einige Meter weit durch die Luft.

Weiter geht es nach links in Richtung St. Johann.

Kurz hinter St. Johann, an der Straße zurück nach Mayen liegt auf der linken Seite das Schloss Bürresheim. Mit Recht heißt es „Schloss“ Bürresheim, denn für eine „Burg“ ist die Innenausstattung viel zu prächtig. Dennoch handelt es sich um eine Burg, also einen Wehrbau und einen Ritterwohnsitz aus dem Mittelalter. Wie alle Burgen besteht auch Schloss Bürresheim nicht aus einem einzigen Gebäude mit Türmchen, sondern aus einer Vielzahl von Mauern, Gängen und Toren, dem Palas, dem Bergfried, der alten Kölner Burg und dem hervorragend erhaltenen Amtshaus.

Schloss Bürresheim lag an der Grenze der rivalisierenden Territorien von Trier und Köln. Der erste namentlich bekannte Besitzer war Eberhard aus dem Stamm der Herren von Neumagen, er tritt 1157 in einer Urkunde als Zeuge auf. Sein Sohn Heinrich verkaufte seinen Burganteil an den Kölner Erzbischof Philipp von Heinsberg (1148–1190). Kurioserweise erwarb 1281 auch der Trierer Erzbischof einen Teil der Burg, sodass die Burg den Rivalen gleichzeitig gehörte. 1339 übertrug Friedrich von Bürresheim das ihm zu freiem Eigentum gehörende Burghaus auch an Köln. In der Zeit wurde vermutlich der Palas, die heutige „Kölner Burg“, errichtet. Ab dem 14. Jahrhundert wird eine Familie Schöneck als Mitbesitzer genannt. 1473 erwarb Gerlach von Breitbach (Rheinbreitbach) aus dem Stamm der Herren von Drachenfels die Hälfte der Burg, und durch Verheiratung der Familien gewannen die von Breitbachs einen weiteren Teil dazu. Die west-

Schloss Bürresheim

lich gelegene „Kölner Burg“ gehörte inzwischen einer Familie von Lahnstein. Nur der Bergfried stand auf der Grenze und sollte beiden gehören. Über 100 Jahre wurde aber – auch gerichtlich – um ihn gestritten. 1659 zahlten die Herren von Breitbach 4.700 Gulden und wurden Alleinbesitzer der Burg. 1691 wurde die Familie unter dem Namen von Breitbach-Bürresheim in den Reichsfreiherrenstand aufgenommen. Sie übte ihre Herrschaft mitten im umgebenden kurtrierischen Gebiet aus. Der Hauptstamm der Familie starb Ende des 18. Jahrhunderts aus. Bürresheim fiel an einen Großneffen der Familie. Seine Familie bewohnte und unterhielt die Burg im 19. Jahrhundert. 1921 kam die letzte Erbin ums Leben, Gräfin Marie Louise von Renesse. Ihre Schwester verkaufte den Besitz an den Vorgänger des Landes Rheinland-Pfalz.

In der Geschichte der Burg wurden von allen Neubesitzern immer wieder Teile hinzugefügt. Nach der Übernahme der Burg durch das Land wurde umfangreich renoviert. Nach dem Zweiten Weltkrieg wurden die Barockgärten wieder instandgesetzt. Von der „Kölner Burg“ ist nur eine Ruine stehen geblieben. Im Vogthaus wohnt der Burgwart. Die meisten Wege durch das Burggelände haben noch die ursprünglichen Pflastersteine. Das hervorragend erhaltene Amtshaus wurde erst Mitte des 17. Jahrhunderts errichtet.

Die Besichtigung der Burg erfolgt im Rahmen von Führungen, die während der Öffnungszeit in regelmäßigen Abständen stattfinden. Sie lohnt sich sehr. Es sind Möbel und Einrichtungsgegenstände aus fünf Jahrhunderten zu sehen. Man bekommt einen guten Eindruck, wie die rheinischen Adligen einst gelebt haben. Es gibt eine Küche, ein Jagdzimmer, Hexensaal, Galerien und Salons. Die ganze Spannbreite zwischen mittelalterlichem Küchengewölbe und feinem barocken Damensalon ist zu besichtigen. Kristalleuchter, Gussöfen, Ahnengalerie und Hirschgeweihe, Thronsessel und Doppelbetten, geschliffene Gläser und Wandteppiche, Schreibsekretäre und Intarsienschränke – im Schloss Bürresheim ist eine unglaubliche Anzahl von Antiquitäten angesammelt. Was den Rundgang so spannend macht, ist der Gedanke, dass hier vor gut 50 Jahren noch die Familie richtig gelebt hat. Kein Wunder, dass es als „... einer der bedeutendsten kunsthistorischen Schätze der Eifel“ (Pippke/Pallhuber) gilt!

Die Landstraße führt über St. Johann zurück nach Mayen.

EXTRAS

Wanderung zu Genovevas Höhle

Um zu Genovevas Höhle zu kommen, muss man auf den Hochstein wandern. Die Höhle auf dem Hochstein soll nach einer Version der Geschichte das Versteck der Genoveva gewesen sein. Es lohnt sich, bei der Wanderung auf vulkanische Mineralien zu achten. Hier gibt es schwarze Augite, goldfarbig verwitterte Biotite und – aber ganz selten – kristalline Olivite. Dies alles sind kristalline Einschlüsse, die beim Vulkanausbruch aus der Tiefe der Erde mit hochgeschleudert wurden.

Der Wanderweg führt den Berg hoch zu einer Aussichtsplattform. Kurz vorher liegt zwischen den Bäumen der Eingang zur Genovevahöhle. Sie ist etwa 20 m weit begehbar, und wie bei allen Höhlenexpeditionen lohnt sich die Mitnahme einer Taschenlampe. Auch die Genovevahöhle diente ursprünglich zur Mühlsteingewinnung. Geführte Wanderungen sind beim Verkehrsamt Mendig buchbar.

Wanderung auf den Hochsimmer-Vulkan

Der Hochsimmer ist nicht etwa ein Berg, auf dessen Höhe der kreisförmige Krater zu entdecken wäre. Vielmehr ist der ganze Berg ein Teil des Kraterrandes. Durch die gewaltige Kraft der Explosion ist der andere Rand weggebrochen.

Lapidea-Gelände mit Römerausstellung

Auf dem Steinbildhauer – Symposion-Gelände „Lapidea“ sind – auch wenn die Steinbildhauer dort nicht aktiv arbeiten – sehenswerte Exponate. Ein Rundwanderweg um den Silbersee zeigt die vulkanologische Entstehungsgeschichte und auf einer Aussichtsplattform zahlreiche Erklärungstafeln zum Vulkanismus in diesem Bereich. Besuchen Sie auch die Vulkanparkstation Katzenberg – eine römische Höhenbefestigung und Station der „Straße der Römer“.

Tour 6

Die Katastrophe am Laacher Vulkan

Wanderung um den Laacher See, Besichtigung der Abteikirche Maria Laach und des Naturkundemuseums St. Winfrid

Von Mayen geht es nach Mendig und von dort aus kann man der Beschilderung nach Maria Laach folgen. Gegenüber der Abtei parken.

Die Entstehung des Laacher Sees geht auf einen gewaltigen Vulkanausbruch vor 10.000 Jahren zurück.

Vulkanismus und Geologie

Vor 10.000 Jahren war die Eifel voll vulkanischer Aktivität. Überall dampfte es schweflig aus Erdspalten. Gase brubbelten an die Oberfläche der Seen. Über Tausende von Jahren brachen in diesem Teil der Eifel immer wieder Vulkane aus. So auch an der Stelle, wo heute der Laacher See ist. Das Magma stieg auch hier an die Oberfläche. Unter der Erdkruste bildete sich dadurch ein großer hohler Raum. Die Kruste hing also über einer Höhle und brach irgendwann ein. Es entstand ein riesiger Krater, eine so genannte Caldera. In den Jahren danach brachen auch die umliegenden Vulkane aus, sodass Lavaströme in die Caldera einflossen. Dadurch wurde der Boden Wasser undurchlässig.

▲ Heute still, früher ein Vulkan – der Laacher See

Lange nach diesen Ereignissen öffnete sich im Krater noch einmal ein Schlot. Durch diesen wurden große Mengen Bimstuff (Vulkanstaub) in die Luft geschleudert. Diese Bimstuffe wurden hoch oben in der Luft sogar bis nach Gotland (Schweden) und Norditalien getragen. Mit der Zeit hat sich der Krater mit Wasser gefüllt, und heute könnt ihr an der Stelle, wo es vor etwa 11.000 Jahren krachte und qualmte, den ruhigen Laacher See sehen, der etwa 51 m tief ist.

Aber schaut einmal genau hin! So ruhig ist der See gar nicht. Wenn ihr um den See wandert, könnt ihr eine Stelle ausmachen, an der immer Gase (Kohlensäure) an die Oberfläche steigen, wie in einem Sprudelglas. Solltet ihr im Winter den Laacher See besichtigen, dann sind diese Stellen noch einfacher zu erkennen. Im zugefrorenen See könnt ihr kreisrunde Löcher an den Stellen im Eis sehen, wo die Kohlensäure aufsteigt.

Der Wanderweg um den See herum ist ausgeschildert. Der übliche Rundweg geht linksherum, beginnt also in westlicher Richtung. Wenn etwa 2/3 des Sees umrundet sind, gelangt man an den Lorenzfelsen. Hier klettert man über Basaltblöcke, die von einem Lavastrom herstammen, der bis unter das Seespiegelniveau geflossen war, also älter als der See ist. Vor und hinter dem Felsen kann man mit etwas Glück, Kohlensäure an die Oberfläche treten sehen. Mal ist mehr, mal weniger zu erkennen. Immerhin ist der Austrittsbereich insgesamt mehrere hundert Meter lang. Wer mit kleineren Kindern unterwegs ist, kann den Rundweg rechts herum nur bis zum Lorenzfelsen gehen und dann wieder zurückkehren. Er ist auf direktem Weg etwa 2 km vom Parkplatz entfernt. Der Wanderweg beginnt dann ein kleines Stück zurück in Richtung Mayen, links der Straße.

Unbedingt sollte man einen Besuch der Abteikirche anschließen. Maria Laach gilt als eine der schönsten romanischen Kirchen überhaupt. Ihre Entstehung verdankt sie dem Pfalzgrafen Heinrich II. aus dem Hause Luxemburg-Gleiberg. Er und seine Frau, Adelheid von Orlamünde, fassten

Abteikirche Maria Laach

1093 den Plan, am Laacher See eine Benediktinerabtei ins Leben zu rufen. Hier wollten sie begraben werden. Heinrich ließ aus Trier die ersten Mönche kommen.

1095 starb Heinrich, fünf Jahre später Adelheid. Ihr Sohn und Erbe aus erster Ehe, Pfalzgraf Siegfried von Ballenstedt, kümmerte sich zunächst nicht besonders um die Abtei, erneuerte die Stiftung um 1100 dann aber doch noch. Er unterstellte das Kloster der brabantischen Abtei Afflingen. 1802 erst wurde das Kloster infolge der Besetzung durch Napoleon aufgehoben. Die Klosterbauten gingen 1862 zunächst an Jesuiten über, 1892 konnte die Beuroner Benediktinerkongregation die Abtei zurückerwerben.

Vor mehr als 100 Jahren zogen in das Kloster Mönche des Jesuitenordens ein. Sie ernährten sich vor allem von dem, was sie in den Gärten anbauten. Natürlich wollten sie auch Fische aus dem Laacher See essen. Im See waren ihnen aber zu wenige, daher beschlossen sie, Fische neu anzusiedeln. 1866 setzten sie Fische aus dem Bodensee ein. Der Bodensee liegt 500 km entfernt in Süddeutschland. Die Fische heißen „Bodenseefelchen“. Knapp 30 Jahre später zogen Mönche des Benediktinerordens wieder in das Kloster, die Jesuiten verließen es. Die Geschichte von den Bodenseefelchen, die in die Eifel umziehen mussten, geriet in Vergessenheit. Um die Jahrhundertwende fiel dann einem Fischer auf, dass er Fische an Land zog, die ganz anders als die üblichen einheimischen Fische aussahen. Allerdings sahen sie auch nicht mehr genau wie echte Bodenseefelchen aus. Innerhalb von 30 Jahren hatten sich die Fische an die andere Nahrung angepasst. Die Bodenseefelchen hatten in ihren Ururenkeln überlebt. Die Laacher Felchen sind übrigens auf der Speisekarte des Laacher-See-Hotels zu finden.

Den Grundstein zur Kirche hatte bereits Heinrich gelegt. Als er starb, führte seine Frau den Bau fort. Unter Abt Gilbert (1127–1152) entstanden das Langhaus, der Vierungsturm und der Westchor. Die Äbte Fulbert, Albert und Gregor (1199–1235) vollendeten den Bau. Das Gewölbe des Innenraumes, der vorher mit einer flachen Balkendecke versehen war, entstand in der ersten Hälfte des 13. Jahrhunderts. In allen Bauperioden wurde (weitgehend) einheimischer Stein verwendet. Zuerst braun-gelber Tuff vom Laacher See und roter Sandstein von der Kyll, später grau-gelber Tuff aus der Umgebung und Basaltlava. Hinter der Abtei, zwischen Kloster und Naturkundemuseum, ist ein kleiner Naturlehrpfad eingerichtet, auf dem die verschiedenen Gesteine und ihre technische Verwendbarkeit beschrieben werden.

Vor dem Eingang zur Kirche befindet sich eine kleine Vorhalle, genannt „Paradies“ mit einem Innenhof. Dies ist etwas Besonderes, denn in Nordeuropa werden normalerweise keine Vorhallen gebaut. Im Innenhof sprudelt ein Löwenbrunnen. Außen, oberhalb der Säulen, befinden sich Steinschnitzereien, so genannte Kapitellfriese. Man sieht kleine Teufelchen, Fabeltiere und Kinder, die sich die Haare raufen. Bevor die Menschen die Kirche betreten, sollen sie hiermit daran erinnert werden, dass sie „Sünder“ sind.

Beim Betreten der Kirche sieht man links vom Eingang ein gewaltiges Grab. Der Sarg (Sarkophag) ist aus buntbemaltem Stein und hat einen Holzdeckel, der den Kirchenstifter Heinrich zeigt. Ein derartiges Grabbild nennt man Epitaph. Natürlich ist Heinrich nicht als älterer, kranker Mann dargestellt. Man soll sich an ihn als schönen, jungen Mann erinnern! Im Sarkophag liegen tatsächlich die Gebeine des Stifters. Der Sarkophag entstand aber erst 150 Jahre nach dem Tode Heinrichs. Man kann dies erraten, wenn man den Deckel genau anschaut ...

Neben der Kirche befinden sich noch eine Buch- und Devotionalienhandlung und die Klostergärtnerei, in der man auch einkaufen kann. In einem der Räume gegenüber der Buchhandlung wird die Geschichte der Abtei und des Benediktinerordens erläutert. Kostenlos sind auch Informationsfilme zu sehen.

Feierliche Winterstimmung in der Eifel

M wie Mittelalter

DIE FAHRT GEHT DURCH VIELE ALTE ORTE, HÖHEPUNKT IST DIE BESICHTIGUNG DER MITTELALTERLICHEN BURG ELTZ!

Von Mayen aus geht es zunächst über die Landstraße nach Monreal.

Blick auf Monreal

Monreal liegt auf beiden Seiten des Flüsschens Eltz, das hier ein enges Tal in die Berge geschnitten hat. Monreal war im Mittelalter stark befestigt und von einer mächtigen Stadtmauer umgeben. Auf dem Hang lagen die beiden Burgen, von denen nur noch Ruinen erhalten sind. Die große Burg wurde von Graf Herrmann III. von Virneburg erbaut, mitten im Territorium seines Bruders, dessen Burg benachbart lag. Dies führte zu einer heftigen Fehde zwischen den Brüdern, die nur durch einen komplizierten Vertrag geregelt werden konnte.

Im 16. Jahrhundert starb die Familie aus, und Monreal fiel endgültig an Trier. Die Trierer errichteten hier ein Amt. Im 30-jährigen Krieg verwüsteten die Schweden 1632 die Stadt, und 1689 zerstörten die Franzosen, was noch übrig geblieben war. Viele schöne Fachwerkhäuser wurden aber wieder neu gebaut, denn in die Stadt zog im 18. Jahrhundert mit dem Tuchhandel das Geld ein. Im Ort stehen noch die drei mittelalterlichen Bogenbrücken aus Bruchstein.

Das Mittelalter: Brückenheilige, Strafen und Kirchen

Monreal mit dem Brückenheiligen Nepomuk

Geht einmal zur mittleren der drei Brücken! Diese war immer schon die einzige befahrbare Brücke in Monreal. Schaut euch die Brücke einmal genau an: Auf der einen Seite seht ihr Löwenköpfe. Fällt euch etwas auf? Jeder Löwe ist in einer anderen Haltung dargestellt! Auf der anderen Brückenseite ist ein Standbild zu sehen. Wer könnte das sein? Es ist Nepomuk, der Schutzpatron der Brücken.

Johannes von Nepomuk lebte im 14. Jahrhundert in Böhmen in der heutigen Tschechischen Republik. Er war Generalvikar (also der Chef der Verwaltung) des Erzbischofs von Prag. Dabei machte er sich den damaligen König Wenzel zum Feind. Nepomuk weigerte sich nämlich, dem König weiterzuerzählen, was ihm andere bei der Beichte anvertraut hatten. Außerdem verfocht er unnachgiebig die kirchlichen Rechte gegenüber denen des Königs. König Wenzel ließ Nepomuk foltern und in den Fluss Moldau werfen. Sein Tod in einem Fluss ließ ihn zum Patron der Brücken werden. Auf der rechten Seite der Eltz, kurz hinter der Brücke, ist noch ein alter Pranger zu sehen. Übeltäter wurden im Mittelalter hier angebunden und dem Spott aller Passanten ausgesetzt. Die durften den Verurteilten auslachen, verhöhnen und mit faulen Eiern bewerfen. Das An-den-Pranger-Stellen gehörte zu den Ehrenstrafen und wurde für leichtere Vergehen verhängt. Viel häufiger wurden im Mittelalter die Leibesstrafen verhängt, wozu die Todesstrafe, Verstümmelungen und auch das Gefängnis gehörten. Wer „nur“ an den Pranger kam, hatte es also noch harmlos angetroffen.

Zu den kunstgeschichtlich bedeutendsten Gebäuden in Monreal gehört die Kirche. Sie wurde in der Zeit der Gotik gebaut. Berühmt ist die Heiligenkreuzkapelle, die vom Kirchenschiff abgeht. Die Menschen im Mittelalter begannen etwa ab dem späten 12. Jahrhundert „gotisch" zu bauen. Die romanischen Kirchen, die vorher gebaut wurden, waren massiv und gedrungen. Dann kamen die hohen, gotischen Kirchen. Diese sahen ganz anders aus. Sie hatten in die Höhe wachsende, fast schwebende Gerippe von Pfeilern und Bögen. Gotische Kirchen wurden reich verziert, ausgemalt, geschmückt und mit Kostbarkeiten gefüllt. Dies sollte nicht nur „schöner" aussehen. Die Menschen sollten mit diesem neuen Baustil auch belehrt werden. Ein Abt (Vorsteher in einem Kloster) hatte es im 12. Jahrhundert so beschrieben: „Sie sollen dem einfachen Volk zeigen, was es glauben soll." Die Geistlichen wollten den Gläubigen einen Vorgeschmack auf das Paradies geben. Die romanischen Kirchen verkörpern eher den Fels, auf dem der Glauben aufbaute. Die gotischen Kirchen hingegen strebten himmelwärts. Gut unterscheiden könnt ihr die Stilarten an der Fensterform: Romanische Kirchen haben Rundbogenfenster, gotische Kirchen Spitzbögen.

Von Monreal aus zunächst ein kleines Stück zurück in Richtung Mayen bis zur B 258 und dort rechts abbiegen. Hinter Mayen-Hausen weiter Richtung Münstermaifeld und ab dort der Beschilderung zur Burg Eltz folgen.

Die Burg Eltz ist eine der bekanntesten deutschen Burgen, mit Besuchern aus aller Welt. Der Parkplatz ist ein gutes Stück von der Burg entfernt. Es fährt zwar ein kleiner Pendelbus hin und her, die Strecke lässt sich aber, auch für kleinere Kinder, ganz gut laufen. Wer einen Kinderwagen zu schieben hat, sollte das (kostenpflichtige) Busangebot allerdings auf dem Rückweg annehmen, es geht dann nämlich ganz schön steil bergauf. Wer sich die Mühe macht, zu Fuß zu gehen, wird durch großartige Ausblicke belohnt. Die Burg thront hoch über dem Tal der Eltz auf einem isoliert liegenden Hügel. Diese Lage machte sie für Feinde schwer einnehmbar. Noch heute ist die Burg Eltz völlig von Wald umgeben, und man kann sich gut vorstellen, dass alles noch so aussieht wie im Mittelalter.

Eigentlich war die Burg Eltz nicht eine einzige Burg, sondern Wohnsitz gleich für drei Familien. Auf diese Weise konnte sie mit mehr Leuten und zu geringeren Kosten verteidigt werden. Gleichzeitig entstand eine größere Burg, die nach mehr aussah, als es sich eine einzige Familie

Die Burg Eltz ist völlig von Wald umgeben

hätte leisten können. Bereits im 12. Jahrhundert wurde das Haus Eltz in einer Urkunde des deutschen Kaisers Friedrich Barbarossa erwähnt. Im 13. Jahrhundert teilte sich die Familie in drei Zweige: Eltz vom goldenen Löwen, Eltz vom silbernen Löwen und Eltz von den Büffelhörnern. Alle drei Familien besaßen, als so genannte Ganerben, die Burg gemeinsam. Da der Berg klein und der Bauraum infolgedessen beschränkt war, bauten die Familien immer mehr in die Höhe. Aber auch in der Breite rückten die Gebäude näher zusammen. Heute stellt sich die ganze Burg als ein ineinander verschachteltes Labyrinth dar.

Die Familie Eltz-Kempenich wurde 1815 Alleinbesitzerin der Burg und ist dies bis heute. Einmal, im Mittelalter, war das Schicksal der Burg fast besiegelt: Die wehrhaften Eltzer und ihre Nachbarn waren dem Erzbischof Balduin von Trier zu gefährlich geworden. Er ließ auf einem vorspringenden Felsen über dem Talrand eine Belagerungsburg, die Trutzeltz, erbauen, (der Weg vom Parkplatz führt an deren Ruine vorbei). Von ihr aus wurde die Burg Eltz mit Steinkugeln beschossen, von denen im Burghof noch einige zu sehen sind. Zwar gelang es dem Bischof damals nicht, die Burg zu zerstören. Er gewann die Belagerung aber dennoch, da den Eltzern die Lebensmittel ausgegangen waren. Sie gaben auf und unterwarfen sich dem Bischof als Lehensherrn.

Man könnte sich fragen, warum ausgerechnet die Burg Eltz nicht wie alle anderen Burgen in den Raubkriegen Ludwig des XIV. von Frankreich zerstört wurde? Nun, hier waren Beziehungen im Spiel. Ein Mitglied der Familie Eltz diente als Offizier im französischen Heer, und ihm gelang es, die Zerstörung zu verhindern. Die Besichtigung der Burg ist nur im Rahmen von Führungen möglich, die aber fortlaufend angeboten werden.

Das Mittelalter und die Burg Eltz

Habt ihr Lust auf einen Rundgang durch das Mittelalter? ihr könnt in der Burg Eltz viele alte Möbel, Wandteppiche und Bilder, aber auch Waffensammlungen und Ritterrüstungen anschauen. Vielleicht findet ihr Wandteppiche eher langweilig? Sie dienten damals nicht der Dekoration der Säle. Vielmehr sollten sie gegen den Luftzug in den schlecht beheizten Burgen mit den vielen Ritzen im Mauerwerk und Fensterbereich schützen.

Vielleicht macht es euch auch Spaß, etwas über die Herkunft von Redensarten zu erfahren, die häufig von mittelalterlichen Bräuchen abgeleitet sind: Ihr seht z. B. das „Rübenacher Schlafgemach", ein Schlafzimmer der Familie Rübenach von Eltz. Das Bett steht deshalb erhöht auf einem Podest, damit die Schlafenden besser vor Zugluft geschützt waren. Um in das Bett zu gelangen, mussten Stufen erstiegen werden. Hiervon leitet sich der Begriff „ins Bett steigen" ab. Das Bett kommt euch kurz vor? So klein waren die Menschen im Mittelalter tatsächlich nicht. Es war damals nur üblich, in halbsitzender Position zu schlafen! Wenn ihr euch die Rüstungen und die Lanzen anschaut, wird vielleicht ein anderer Begriff klar: Man sagt manchmal, jemand sei „im Krieg gefallen". Das ist eine Umschreibung für „getötet worden" und geht auch auf das Mittelalter zurück. Die Rüstungen der Edelmänner waren sehr schwer, und die Ritter konnten sie ohne Hilfe ihrer Knappen gar nicht alleine anlegen. Gelang es nun einem Ritter, den Haken seiner Lanze in der Rüstung des Gegners einzuhaken, so konnte er ihn vom Pferd herunterheben. Der gegnerische Ritter „fiel" dann zu Boden und blieb hilflos – wie ein auf den Rücken gefallener Käfer – liegen. Das Gewicht der Rüstung konnte ihn bereits ersticken, ohne dass noch ein Hieb des Gegners zum Besiegen nötig gewesen wäre.

Noch viele andere Redensarten kommen aus dem Mittelalter, z. B.: etwas auf dem Kerbholz haben, etwas auf die hohe Kante legen, über jemanden den Stab brechen, jemandem den Hof machen, usw. Der Burgführer wird viele davon erklären, fragt einfach nach. Zur Burg gehören noch ein Kiosk und ein Café.

Zunächst wieder ein kleines Stück zurück in Richtung Münstermaifeld und dann der Ausschilderung Moselkern folgen. Dort rechts auf die B 416. Entlang der Mosel über Treis-Karden bis Cochem. Von dort aus der Landstraße folgend über Landkern, Kaisersesch und Monreal zurück nach Mayen.

Der Nürburgring aus der Vogelperspektive

Burg Pyrmont

Extra

Von der Burg Eltz kommend, führt kurz vor Münstermaifeld links die Stichstraße zur Burg Pyrmont ab. Sie liegt an einer zur Eltz abfallenden Schlucht. Von der Burg aus kann man über eine alte Steinbrücke die Eltz überqueren und kommt so zu einer alten Fachwerkmühle mit Mühlteich. Die Eltz fällt hier als Wasserfall schäumend eine hohe Steinstufe herab.

Tour 8

Grand Prix

EINE DER BERÜHMTESTEN RENNSTRECKEN DER WELT WIRD WIEDER FÜR DIE FORMEL 1 GEÖFFNET!

Von Mayen aus über die B 410 nach Kreuznick, dort rechts auf die B 528 bis nach Virneburg.

In Virneburg liegt die Ruine des Stammsitzes der Grafen von Virneburg. Die Blütezeit dieser Familie war vor ungefähr 500 Jahren. Auch die Virneburg wurde, wie viele andere Eifelburgen, 1689 von den Franzosen zerstört. Die 3 m dicke und 18 m hohe Schildmauer steht aber noch, ebenso Turmruinen und ein Tor mit einer „Pechnase".

DAS MITTELALTER: PECH GEHABT!

Kennt ihr eine Pechnase? Vielleicht ein Mensch, der wenig Glück hat? Die Bezeichnung hat aber nichts mit Unglück zu tun. Sie leitet sich vielmehr von der zähen Flüssigkeit „Pech" ab. Pech entsteht, ähnlich wie Teer, bei der Weiterverarbeitung von Erdöl. Es ist wasserdicht und wird zum Isolieren, z. B. von Booten, verwendet. Klebriges Pech wurde früher auf Leimruten gestrichen, mit denen Vögel gefangen wurden. Wenn ein Vogel daran kleben blieb, hatte er „Pech gehabt". Genau dieses Material Pech wurde früher erhitzt und den anrückenden Feinden von den Verteidigern der Burg durch die „Pechnasen" hindurch auf die Köpfe geschüttet. Die Lust auf einen Angriff war den Opfern sicher vergangen!

Von Virneburg weiter über die B 258 bis Döttingen und von dort weiter über die B 412 zum Nürburgring.

2002 ist der weltberümte Nürburgring 75 Jahre alt geworden. Am 18. Juni 1927 eröffnet, wurde er schon bald legendär. Zu den bekannten Geschichten gehört die des Silberpfeils. Er wurde am 3. Juni 1934 hier „geboren", noch heute heißen die Mercedes-Boliden entsprechend. Seinerzeit waren die weiß lackierten Rennwagen von Mercedes nach dem Reglement zum Start ein Kilogramm zu schwer. Man kratzte über Nacht den gesamten Lack ab und übrig blieb das silberne Blech. Nun stimmte das Gewicht, und die Silberpfeile durften starten. Mercedes hat dem Ring anlässlich des Jubiläums eine Replika 1:1 des Ur-Silberpfeiles im Wert von einer Viertelmillion EUR geschenkt. Ausgangspunkt des Nürburgring-Besuches ist einer der Parkplätze im Bereich „Start und Ziel" (Parkzone A).

▲ Zaungäste am Ring

Am Nürburgring kann man nun noch mehr unternehmen als früher: Ein Freizeitpark ist entstanden, die „Erlebniswelt Nürburgring". Wie früher schon kann man selbst über den Ring fahren und alte Autos im Museum betrachten. Das Gesamtangebot umfasst ein Fahrsicherheitszentrum, Jugendverkehrstraining, Sportfahrlehrgänge, die Zakspeed-Rennfahrerschule, Runden mit dem Renn„taxi" mit 340 PS über den Ring, Rundwege, das Angebot „Mountainbike-Spaß" rund um den Nürburgring und vor allem die große Erlebniswelt mit Kartbahn. Dieser Bereich ist in mehrere Hallen aufgeteilt, die unterschiedlichen Themen gewidmet sind.

Der erste Bereich steht unter dem Motto „Mythos Nürburgring" und beinhaltet im Kern das alte Automuseum sowie ein Kino. In der zweiten Halle dreht sich alles um die „Faszination Automobil". Hier gibt es ein Sicherheitszentrum mit Crashtunnel, Pedalpowerparcours (ein bisschen wie das gute alte Kettcar). Halle 3 beschäftigt sich mit dem Phänomen „Mobilität" und bietet eine Fahrt durch die Geschichte der Bewegung. In einem 3-D-Kino erlebt man authentisches Fahrgefühl und wer möchte, kann sich in einen Z 3 setzen und dort mittels Fahrsimulator einmal so richtig durchstarten. Es wird aber auch die Funktion der Sicherheitselemente Airbag, ABS und ASD erklärt. Bei der Präsentation werden alle modernen museumspädagogischen Neuerungen genutzt. Interaktiv und spielerisch lässt sich hier lernen. Abgerundet wird das Angebot durch einen Fanshop, mehrere Cafés und Bars und ein Kinderland zum Spielen für die Kleinsten. Wer selbst fahren möchte, hat hierzu Gelegenheit in der Halle 4 auf einer Kartbahn. Das Vergnügen ist allerdings nicht ganz billig. Wer den (teuren) Eintritt in die Erlebniswelt gezahlt hat, kommt hier günstiger weg.

Speziell für Kinder der 3. und 4. Schulklasse wird das Sonderprogramm „Hallo Auto" angeboten. Mitarbeiter des Nürburgrings erklären alles zum Thema „Bremsweg eines Fahrzeugs". Auf spielerische Weise lernen Kinder hier die Gefahren des Autos einzuschätzen. Diese Aktion ist zur Zeit kostenfrei. Sie lässt sich durch ein Rahmenprogramm ergänzen, das einen Besuch der Erlebniswelt beinhaltet, eine Busfahrt über den

Ring, einen geführten Rundgang am Ring, einen Besuch des „flotten Klassenzimmers“ oder eine Wanderung zur Nürburg. Dauer der Aktion ohne Rahmenprogramm: 2,5 Stunden. Bei schlechtem Wetter findet der theoretische Teil drinnen statt, für den Außenbereich Regensachen nicht vergessen.

Auch wer nicht die Erlebniswelt besuchen möchte, kann sich ganz ohne Kosten ein bisschen vom Motorsport faszinieren lassen. Wie früher schon ist der Rundweg durch das alte Fahrerlager (rechts vom Dorint) zu den Boxen für Besucher frei zugänglich. Ganz interessant ist dies, wenn am nächsten Tag ein kleineres Rennen (z. B. Motorradrennen) ist, dann kann man den Teams beim Schrauben zusehen. An vielen Tagen im Jahr kann man mit dem eigenen PKW über die Rennstrecke fahren und kommt dann auch über den alten, heute beim Grand-Prix nicht mehr benutzten Teil mit seinen legendären Schleifen, Kehren und Karussels. Ein Faltblatt gibt Auskunft über die Termine, die man auch telefonisch abfragen kann.

Für Freunde der Zweiräder ohne Motor wurde eine Mountainbike-Strecke unter dem Motto „Durch die grüne Hölle“ markiert. 30 Kilometer lang geht es über Waldwege auf den höchsten Berg der Eifel und rasante Abfahrten hinunter. Immer wieder taucht die alte Rennstrecke mit der Nordschleife auf. Beim Bergwerk verunglückte Niki Lauda. Auch die mächtige Steilkurve, das Karussel, wird passiert.

Etwa 60 Rennen finden im Jahr auf dem Ring statt. Darunter die berühmten Truck-, Motorrad- oder Oldtimer-Rennen. Nachdem Niki Lauda 1976 auf dem Nürburgring bei einem Formel 1-Rennen schwer verun-

▶ Kartbahn am Ring

▲ Nürburg auf dem „Schwarzen Berg“

glückte, wurden Formel-1 Rennen nicht mehr auf dem Ring ausgetragen. Trotz zusätzlicher Sicherheitsvorkehrungen war den Grand-Prix-Verantwortlichen der Ring noch zu gefährlich. Erst seit Oktober 1995 wird der „Große Preis von Deutschland“ im Wechsel mit dem Hockenheim-Ring wieder auf dem „Ring“ ausgetragen. Übrigens: Bereits kurz nach seinem Bau erwarb sich der Nürburgring den Ruf als schönste Rennstrecke der Welt. Die Strecke ist insgesamt 4,5 km lang. Tribünenplätze gibt es für 120.000 Besucher. Nicht nur Rennen finden auf dem Nürburgring statt. 170 Veranstaltungen sind dort jährlich, darunter Pfingsten das Open-Air-Musikfestival „Rock am Ring“.

Der schnellste Weg zurück nach Mayen führt über die Landstraße nach Boos und von dort über die B 410 nach Mayen.

Extras

Wanderung an der Hohen Acht

Auf der anderen Seite der B 412 liegt der höchste Berg der Eifel, die „Hohe Acht“. Hier, in 746,9 m Höhe (!), befindet sich ein Aussichtsturm, von dem aus man weit über das Land blicken kann.

Nürburg

Die Nürburg ist auf der ganzen Welt bekannt wegen der nach ihr benannten Autorennstrecke. Man vermutet, dass die Burg ihren Namen von dem 678 m hohen Berg, auf dem sie erbaut wurde, erhalten hat. Der Berg besteht aus schwarzem Basalt und wurde auf lateinisch „mons nore“ (= schwarzer Berg) genannt. Hier stand bereits ein römisches Kastell. Die eigentliche Burg stammt aus dem 12. Jahrhundert. Im Mittelalter war sie eine der mächtigsten Eifelburgen. Auch diese Burg wurde 1689 von den französischen Truppen zerstört. Noch 1729 diente aber der Bergfried als Gefängnis. Im Jahre 1818 wurde er (39 m hoch) neu errichtet. Auch andere Mauern sowie Tore wurden restauriert, und so erhält man heute einen ganz guten Eindruck, wie die Burg im Mittelalter aussah.

Wintersportgebiete Jammelshofen und Nürburg

In Jammelshofen, am Fuß der Hohen Acht, gibt es zwei Skiabfahrtspisten (800 und 400 m) mit 2 Schleppliften, eine Sprungschanze (40 m), eine Rodelbahn (200 m) und drei miteinander verbundene Loipen (3,5 und 7 km). Am Wochenende stehen auf Anfrage Lehrkräfte für die Langlaufschule zur Verfügung. An der Nürburg führt eine weitere Skipiste ins Tal. Außerdem gibt es auch hier Rodelbahn, Sprungschanze und markierte Loipen.

Was es sonst noch gibt

Rund um Mayen

Altes Städtchen Adenau

Nach Adenau gelangt man von Mayen aus über die B 258. (Bus Nr. 6044). Ab Herschbroich-Döttingen fährt man am Nürburgring vorbei.

Adenau ist eine kleine alte Marktstadt mit dem historischen Stadtviertel Buttermarkt und dem Marktplatz mit Häusern aus dem 17. Jahrhundert. Am Buttermarkt steht die Bronzeplastik „Die Butterfrau“ mit zwei Kindern.

▲ Fachwerk in Adenau

Bad Neuenahr / Ahrweiler / Altenahr – Wie Wein wächst

An der Ahr gibt es nicht nur weltberühmten Sprudel. Vielmehr wird hier seit dem 8. Jahrhundert Wein angebaut. Im Mittelalter gehörten den adeligen Grundherren viele Weinberge. Aber es hatten auch insgesamt 28 Stifte und Klöster Weinbergbesitz. Anfang des 19. Jahrhunderts wurden die kirchlichen Besitztümer säkularisiert, und die bis dahin gut funktionierende Vermarktung geriet ins Stocken. 1868 gründete sich in Mayschoß die erste Genossenschaft. Viele andere folgten. Entlang der Weinorte an der Ahr gibt es die „Ahr-Rotweinstraße“ (Altenahr-Sinzig, gekennzeichnet durch ein Schild mit grünem Weinlaub und roter Traube). Ebenfalls zwischen Altenahr und Sinzig verläuft der „Rotweinwanderweg“, zu dem von allen Weinorten aus Zugang besteht. In Bad Neuenahr / Ahrweiler kann man schließlich auf einem Weinbaulehrpfad (4 km) alles Wissenswerte rund um den Weinbau erfahren. Teilweise führt entlang der Ahr auch ein Radwanderweg.

Deutsches Schieferbergwerk

Tief unter der Genovevaburg ist ein in Deutschland einzigartiges Besucherbergwerk, das Bergleute im Zweiten Weltkrieg als Luftschutzbunker für die Bevölkerung erschafften. Die Geschichte des Schieferbergbaus kann hier nachvollzogen werden. Alles Anfassen ist ausdrücklich erlaubt! Zu sehen sind u.a. Waschkauen, Stollen und alles über Schiefer.

Historisches Stadtviertel „Buttermarkt“, Adenau

SOMMERRODELBAHN ALTENAHR, SEILBAHN ALTENAHR

VULKANSTADT MENDIG

Im Mendiger Vulkanmuseum wird der Vulkanismus in seiner Entstehung und in seiner Nutzung bis in die Gegenwart gezeigt.

In Niedermendig befindet sich eine Brauerei mit angeschlossenem Restaurant (bürgerlich, für Kinder geeignet) und Biergarten. Das wäre nun an sich nicht bemerkenswert. Etwas Besonderes ist aber der historische Basalt-Felsenkeller unter der Brauerei, der besichtigt werden kann. Die Entstehung des Felsenkellers hat etwas mit der Geschichte Mendigs zu tun: Mendig war immer eine Grubenstadt. Hier wohnten die Arbeiter, die (schon seit Jahrhunderten) in den Basaltbrüchen rund um Mendig und Mayen arbeiteten. Das Stadtbild Mendigs ist von dieser Geschichte bestimmt. Viele Straßenzüge bestehen aus mit Basalt erbauten, einfachen Bergarbeiterhäuschen.

Der Basalt wurde nicht nur in offenen Gruben, sondern auch unter Tage abgebaut. Die Bergleute trieben hier Schächte in die Erde, bis sie auf den Basalt stießen. Dann wurde das Gestein unterirdisch abgetragen. Dabei entstanden riesige Hallen und Stollen, die weite Bereiche der Gegend unterhöhlten. Ein derartiges Stollensystem ist tief unter der Vulkanbrauerei zu besichtigen. Die Keller liegen 30 m unter der Erde. Es ist dort nur etwa 8–9° C warm. In den „Keller“ führen ca. 150 steile Stufen. In Teilen der Gewölbe lagern noch heute große Tanks mit Bier. Da der Weg so beschwerlich ist, sollten an der Besichtigung keine Kleinkinder sowie keine Herz-/Kreislaufkranken oder Besucher mit Atembeschwerden teilnehmen.

Vom Brohltal bis zum Rhein – Vulkanpark Mayen und Vulkanpark Brohltal

Auch in der Osteifel gibt es jede Menge Vulkane. Mehrere Wanderrouten wurden ausgearbeitet. Einen guten Überblick verschafft das Infozentrum. Eines der Projekte ist der Rauscherpark im Tal der Nette, der „Garten“ des Infozentrums. Ein Infolehrpfad erklärt Besuchern dieses romantischen Bachtales seine Entstehung durch den Ausbruch des Michelberg-Vulkans vor 200.000 Jahren und die Nutzung der Basaltlavavorkommen durch die Römer. Besonders interessant ist das Römerbergwerk Meurin in der Nähe von Andernach.

Der Geo-Pfad Brohltal beinhaltet über 70 geologische Punkte mit über 90 Erläuterungstafeln zu Geologie, Fauna, Flora und Historischem. Die Routen Unteres (Beginn: Bahnhof Jägerheim, 14 km), Mittleres (Beginn: Bahnhof Niederzissen, 22 km) und Oberes Brohltal (Beginn: Bahnhof Engeln, 17 km) werden von Haltestellen des „Vulkanexpress“ gestartet. Die Strecke „Oberes Brohltal“ ist auch als Radwanderstrecke vorgesehen. Die vierte Tour führt um den Laacher See. Mit Kindern empfiehlt es sich, nur Teilstrecken zu gehen, da die Wege als Tagestouren erschlossen wurden. Allerdings sind Anstrengungen durch günstige Streckenführung abgemildert worden. Ergänzend gibt es noch die Route „H“, für „highlights“, die als Auto- oder Radtour ausgearbeitet und insgesamt 80 km lang ist. Das Projekt wird laufend weiter ausgebaut.

Vulkanexpress

Eine historische Schmalspureisenbahn fährt zwischen Brohl (nordöstlich von Mayen am Rhein gelegen) und Engeln (bei Weibern, nördlich von Mayen). Der Geo-Spiel-Garten befindet sich an der Endstation des Vulkan-Express am Bahnhof Engeln.

Waldsee Rieden

Hier – etwa 12 km nördlich von Mayen – kann man wandern, surfen lernen, Boot fahren oder sich auf drei Spielplätzen vergnügen. Pfad der Sinne, Kaskadenquelle, Seefähre, Baumlehrpfad und vieles mehr.

Serviceseiten

Alle Infos über die Verkehrsämter von Mayen, Mendig, Adenau ab S. 179
www.mayen.de

TOUR 4

Genovevaburg mit Eifelmuseum
56727 Mayen / Tel.: 02651-498508, Fax: 02651-903557
Öffnungszeiten: ganzjährig Di-So 10-17 Uhr, Gruppen nach Vereinbarung

Badezentrum Mayen
Bachstraße / 56727 Mayen / Tel.: 02651-903185
Öffnungszeiten: Di-Do 7-9 Uhr, 15-21 Uhr, Fr 7-21 Uhr, Sa 12-17 Uhr, So 9-16 Uhr, Mo geschlossen

Reginaris-Brunnen/Mineral- und Heilbrunnen www.reginaris.de
Reginarisbrunnen 1 / Postfach 1254 / 56743 Mendig / Tel.: 02652-581-0
Fax: 02652-581-39 (Verwaltung) -44 (Order Service) / info@reginaris.de

TOUR 5

Schloss Bürresheim
Schlossverwaltung Bürresheim / 56727 Mayen
Tel.: 02651-76440, Fax: 02651-902410
Öffnungszeiten: Besichtigung ist nur mit Führung möglich
01. April–30. September: 9-18 Uhr, 01. Oktober–31. März: 9-17 Uhr, letzter Einlass: 45 Min. vor Schließung

Lapidea-Gelände mit Römerausstellung am Mayener Grubenfeld www.lapidea.com
Wolfgang Theisen / Tel.: 02651-881500

Vulkanparkstation Katzenberg www.vulkanpark.com
(s. Vulkanparke, Infozentrum Rauschermühle, S. 89)
Führungen: nach Vereinbarung unter Tel. 02651-598508

TOUR 6

Benediktinerabtei Maria Laach www.maria-laach.de
56653 Maria Laach / Tel.: 02652-59-0, Fax: 02652-59-359, mit weiteren Hinweisen zu Kunsthandwerk in Maria Laach, abtei@maria-laach.de

Naturkundemuseum St. Winfried
Familie Klaus Ullenbruch / 56653 Maria Laach / Tel.: 02652-4785
Öffnungszeiten: 01. März–31. Oktober: 9.30-18 Uhr,
01. November–15. Januar: 9.30-17 Uhr, 16. Januar–28. Februar: geschlossen

TOUR 7

Burg Eltz bei Wierschem www.burg-eltz.de
Tel.: 02672-950500
Öffnungszeiten: 01. April–01. November: täglich ab 9.30 Uhr, letzter Einlass: 17.30 Uhr

Burg Pyrmont in Roes
Tel. 02672-2345/ **Öffnungszeiten:** 01. Mai–31. Oktober: Mi-Sa 11-16 Uhr

TOUR 8

Erlebniswelt Nürburgring www.nuerburgring.de
Nürburgring GmbH & Co.KG / 53520 Nürburg

Tel.: 02691-302 602, Fax: 02691-302677
Öffnungszeiten: täglich 10-18 Uhr / erlebniswelt@nuerburgring-mail.de
Kart-Erlebniswelt: Tel.: 02691-302698, Fax: 02691-302 677
Öffnungszeiten: Sommer: täglich 11-20 Uhr, Winter: täglich 13-19 Uhr

Nürburg
Burgverwaltung, Tel.: 02691-2704 / Gemeindeverwaltung, Tel.: 02691-2304
Öffnungszeiten: 01. April–30. September: Di-So ab 9 Uhr, letzter Einlass: 17.30 Uhr, 01. Oktober–31. März: Di-So ab 9 Uhr, letzter Einlass: 16.30 Uhr, Dezember geschlossen

Wintersport
Bad Neuenahr-Ahrweiler, Langlauf auf gespurter Loipe im Ortsteil Ramersbach
Jammelshofen, Abfahrtslauf (2 Schlepplifte), Langlauf auf gespurter Loipe, Rodelhänge
Nürburg, Langlauf auf gespurten Loipen, Rodelhänge

Was es sonst noch gibt – rund um Mayen:

Altes Städtchen Adenau
Alle Infos bei Tourist-Information Hocheifel / Nürburgring in Adenau

Bad Neuenahr / Ahrweiler / Altenahr
siehe Verkehrsämter

Deutsches Schieferbergwerk
www.deutsches-schieferbergwerk.de / www.mayenzeit.de
Genovevaburg / 56727 Mayen / Tel.: 02651-498503
Öffnungszeiten: ganzjährig Di-So 10-17 Uhr, Gruppen nach Vereinbarung

Sommerrodelbahn in Altenahr
Am Roßberg / 53505 Altenahr / Tel.: 02643-2321
Öffnungszeiten: April–Oktober: täglich 10-18 Uhr
November: Sa, So 11.30-16.30 Uhr, Dezember–Februar: Sa, So 13-16.30 Uhr

Seilbahn Altenahr siehe Verkehrsamt

Vulkanstadt Mendig
siehe Verkehrsamt Mendig

Vom Brohltal bis zum Rhein www.vulkan-express.de
Vulkanexpress / 56651 Niederzissen / Kapellenstraße 12 (Rathaus) / Tel.: 02636-80303, Fax: 02636-80146, buero@vulkan-express.de / Fahrplanansage: 02636-80500

Vulkanparke Mayen und Brohtal
Führungen durchs Infozentrum sowie zu einzelnen Projekten des Vulkanparks Osteifel können Sie direkt im Infozentrum Rauschermühle / Rauschermühle 6 / 56637 Plaidt oder telefonisch unter der Nummer 01801-885526 buchen! Weitere Infos unter www.moselschieferstrasse.de
Öffnungszeiten: Mai–Oktober: Mo-Fr 8.30-17 Uhr, Sa, So 10-13 Uhr, November–April: Mo-Do 9-15.30 Uhr, Fr 9-13 Uhr
Infos zum Vulkanpark Brohtal finden Sie unter www.brohtal.de sowie bei der Tourist Information Brohtal (s. S. 180).

Rund um Prüm in 2 Touren

WESTEIFEL

Tour 9
PRÜMER BASILIKA

PRÜM

Tour 10
KRONENBURG

WAS ES SONST NOCH GIBT

Tour 9

Durch die kleine Karolingerstadt

Kleiner Rundgang durch Prüm

Prüm, von den Römern „Prumia" genannt, liegt an der Prüm. An diesem Flüsschen gründete Bertrada, die Mutter Karls des Großen, im Jahre 721 eine Abtei:

„Im Namen der Heiligen Dreifaltigkeit! Ich, Bertrada, und mein Sohn Charibert wünschen bei dem Flusse Prumia ein Kloster zu bauen ... Dort sollen im Kloster ... Mönche weilen und für unsere Sünden Tag und Nacht die Erbarmung Gottes anflehen ..."

Noch heute dominiert die mächtige Abteikirche das Städtchen Prüm, und so sollte der kleine Stadtrundgang auch vor der Kirche, am Hahnplatz, begonnen werden. Zur Zeit der ersten Klostergründung in Prüm war der Niedergang des römischen Reiches gerade einmal gut 100 Jahre vorbei. Nach dem Abzug der Römer hatte im 7. Jahrhundert die Christianisierung Nordeuropas, von Irland ausgehend, ihren Anfang genommen. Prüm war die erste christliche Niederlassung im Bereich des Rheinlandes. Von diesem ersten Kloster Bertradas sind keine Zeugnisse mehr vorhanden. Bereits 30 Jahre später gründete aber König Pippin, der eine Enkelin Bertradas geheiratet hatte, das Kloster noch einmal. 799 wurde die erste Kirche eingeweiht. Sie wurde auf dem heutigen Friedhof errichtet, wo man ein romanisches Kreuz finden kann. Die Abtei Prüm erfreute sich großer Beliebtheit bei den deutschen Kaisern.

Der Karolingerkaiser Lothar I., Sohn Ludwigs des Frommen und Enkel Karls des Großen, war Anfang September 855 nach Prüm gekommen, hatte das Kloster reich beschenkt und um seine Aufnahme als einfacher Mönch gebeten. Als er am 29. September starb, wurde er in der Klosterkirche beigesetzt. Auch Karl der Große und Ludwig der Fromme besuchten oder heimsuchten das Kloster des öfteren. Kloster Prüm entsandte als „Reichsabtei" Abgeordnete zu Reichstagen, musste sich aber auch an der Reichsarmee mit Kontingenten und Geldern beteiligen. Im 9. Jahrhundert war das Kloster sehr wohlhabend, und die zu dieser Zeit marodierenden Normannen fielen auch zweimal über Prüm her. Erst im 11. Jahrhundert erlebte Prüm eine neue Blüte als Stiftsstadt. Kaiser Heinrich II. verlieh dem damals entstandenen Stift Prüm die Marktrechte.

Bis 1576 blieb die Abtei selbstständig. Die Prümer Fürstäbte stammten aus den alten Adelsgeschlechtern der Eifel, deren Namen sich heute noch in Ortsnamen wiederfinden (Neuerburg, von Schönecken, von Virneburg, von Schleiden, von Kerpen, von Katzenelnbogen, von Manderscheid usw.). 1576 starb Abt Christoph von Manderscheid. Kurfürst und Erzbischof Jakob von Eltz rückte in Prüm ein und einverleibte das Fürstentum in den Kurstaat Trier. Im 18. Jahrhundert entstanden überall in Deutschland barocke Residenzen und Kirchen. Der Kurstaat Trier baute hingegen nur das Allernotwendigste. Als ein Neubau der seit dem 16. Jahrhundert verfallenden Kirche anstand, entsandte Trier hierfür keinen großen Baumeister. Ein Zimmermann musste als Hofbaumeister ausreichen. Dieser Zimmermann hieß Johann Georg Judas. Er baute 1721 die verfallende Abteikirche wieder auf. Die Westfront mit ihren prächtigen Verzierungen wird als Alterswerk des berühmten Baumeisters Balthasar Neumann angesehen. Die Bauleitung lag hierfür jedenfalls in den Händen seines Meisterschülers Johannes Seitz. Fertiggestellt wurde die „kleine Residenz“ damals nicht, bis 1912 blieb die Abtei aufgrund vieler politischer Wirren Baustelle.

Wie alle anderen wurde auch die Prümer Abtei durch ein napoleonisches Edikt aufgelöst. Prüm wurde zunächst ein französisches Arrondissement und dann Preußen zugeschlagen. Ein Jahr nach der Zuteilung an Preußen kam das Militär, und Prüm blieb bis zur Mitte des Jahrhunderts Garnisonsstadt. Dadurch kamen jährlich 10.000 Taler zusätzlich in die Stadt. Mitte des 19. Jahrhunderts blühte dann nach einigen mageren Jahren die Kleinindustrie auf. Es entstanden Gerbereien, Webereien und Brauereien.

Im Zweiten Weltkrieg wurde Prüm zu 80% zerstört, denn die Stadt lag lange im so genannten Endfeuer. Am Heiligen Abend 1945, eine Stunde vor der Mitternachtsmesse, brach die Decke der Kirche, die bis dahin standgehalten hatte, infolge der Kriegszerstörungen ein. Sie sind auch der Grund dafür, dass in Prüm so wenige alte Bauten stehengeblieben sind und die Innenstadt zerrissen wirkt.

▲ Waldcampingplatz Prüm

Als späte Kriegsfolge erlebte Prüm 1949 dann noch eine Katastrophe: Am 15. Juli explodierte ein altes Munitionslager (250.000 m^3 Schuttmassen). Die Sprengstücke wurden 2 km weit geschleudert, feiner Staub ging im 20 km entfernten Gerolstein nieder. Sogar die Erdbebenwarte in Stuttgart registrierte die bis Koblenz und Trier hörbare Detonation. Der Sprengtrichter war 190 m lang, 90 m breit und im Mittel 26 m tief, allein 200 Familien wurden obdachlos, 12 Menschen fanden den Tod.

DAS MITTELALTER: KIRCHEN

▲
Prächtig verziertes Portal

Geht einmal in die Kirche hinein. Drei Sachen findet ihr vielleicht besonders interessant: An der Rückwand des rechten Seitenschiffes stehen die Reste eines großen alten Schnitzaltars. Die holzgeschnitzten Figuren sind bemalt. Könnt ihr erkennen, was dargestellt werden soll? Es geht um die Passionszeit, also die Leidenszeit Christi von seiner Verurteilung bis zur Kreuzigung. Ihr könnt Knechte sehen, die sich um die Kleider des Herrn raufen. Einer packt den anderen dabei im Eifer des Gefechtes an die Nase und rüttelt ihn.

Weiter vorne, rechts vor dem Altar, befindet sich ein Grab. Der Grabstein ist neueren Datums, der Bestattete ist aber schon sehr lange tot, fast 1.200 Jahre. Es ist der Karolingerkaiser Lothar I. Das Geschlecht der Karolinger ist nach Karl dem Großen benannt, der 800 zum Kaiser des Heiligen Römischen Reiches Deutscher Nation gekrönt wurde und im Aachener Dom begraben ist. Karl heißt auf lateinisch, das damals von allen Gebildeten gesprochen wurde, „Carolus“.

Im Jahr 855 erschienen, so die Sage, zwei vermummte Gestalten an der Klosterpforte. Sie ließen sich zum Abt führen. Als der eine der beiden Besucher seinen Umhang ablegte, erkannte der Abt, dass er den damaligen Kaiser vor sich stehen hatte! Der Kaiser hatte in seinem Leben viel Unrecht begangen und wollte nun als alter Mann im Kloster Buße tun. Er wurde im Kloster aufgenommen. Schon bald aber starb er. Man erzählt sich, dass seine Gebeine keine Ruhe finden konnten und er um den Altar herumgeistere. Viel Ruhe hatten die Knochen des Kaisers tatsächlich nicht: Das jetzige Grab wurde erst 1879 von Kaiser Wilhelm I. gestiftet. Die Gebeine Lothars wurden während der verschiedenen Kirchenbauten immer wieder an eine andere Stelle transportiert.

Wenn ihr jetzt wieder nach draußen geht, seht ihr rechts vor dem Ausgang eine kleine Seitenkapelle. In ihr befindet sich ein Reliquienschrein. Vor allem im Mittelalter wurden Reliquien sehr verehrt. Das sind Überreste (kleine Knochen, aber auch das Herz oder Kleiderreste) von Heiligen. Heute befindet sich in den Klosterbauten vor allem ein Gymnasium.

Der kleine Rundgang durch Prüm geht nun weiter über den Hahnplatz zur Hahnstraße. Links am Platz ist das Fremdenverkehrsbüro untergebracht. Die Bachstraße führt rechts auf den Altermarkt. Ein Stück weiter geradeaus befindet sich das Rathaus mit dem sehenswerten Heimatkundemuseum sowie dem Info-Haus Natur und Umwelt. Vom Altermarkt aus geht es über die Unterberg- und die Spiegelstraße zum Ausgangspunkt zurück.

Extras

Haus des Gastes und Kurpark

In Prüms Haus des Gastes befindet sich nicht nur die Touristen-Information. Es gibt auch wechselnde Ausstellungen, eine Lesestube mit Fernseh- und Videoangebot sowie ein Eltern- und ein Kinderzimmer. Auch die Bücherei ist hier untergebracht. Im Kurpark gibt es Kneipp-Becken, einen Spielplatz und eine Rollschuhbahn.

Infostätte „Mensch und Natur“

Am Rathaus in Prüm ist die Infostätte „Mensch und Natur“ gelegen. Informiert wird über die Themenkreise Vogelwelt, Fischbesatz im Bachlauf, Wasserhaushalt, Fossiliensammlung, Waldszenerie, Landwirtschaft und Bienen.

Naturkundlicher Pavillon

Im Kurpark befindet sich in einem Pavillon eine Fossilienausstellung.

Heimatmuseum

Das Prümer Heimatmuseum ist groß und hat sechs Abteilungen auf vier Etagen. Erdgeschoss: Wirtschaftsgeschichte des Prümer Landes (Eisen, Abtei), erster Stock: umfangreiche Spielzeugsammlung, zweiter Stock: u. a. Wohnräume aus verschiedenen Zeit- und Stilepochen, dritter Stock: nachgebaute Räume aus so unterschiedlichen Gewerben wie Apotheke, Gerberei, Weberei, Barbier oder Feuerwehr.

Tour 10
Sport und Spiel im oberen Kylltal

MITTELPUNKT DER TOUR IST DER BESUCH DES MITTELALTERLICHEN ORTES KRONENBURG. DANEBEN GIBT ES AUSREICHEND MÖGLICHKEITEN ZUM AUSTOBEN IN FREIZEITPARKS.

Von Prüm aus über die B 265 Richtung Hallschlag, dann rechts ab über die B 421 nach Kronenburg.

▲
Blick auf den Kronenburger See

Der Kronenburger See ist ein Stausee mit 2,5 km Uferlänge und 28 ha Wasserfläche. Direkt am Seeufer sind ein Spielplatz und ein Bootsverleih. Hier kann man Tret- oder Ruderboot fahren. Daneben gibt es eine Rollschuhbahn und Möglichkeiten zum Tennis- und Tischtennisspielen, zu Halma, Schach, Dame und Mühle unter freiem Himmel. Preiswert essen kann man im nahegelegenen Restaurant des Freizeitparks, zu dem ebenfalls ein Spielplatz gehört.

Oben auf dem Berg, hoch über dem See, liegt der mittelalterliche Ort Kronenburg mit seiner Burgruine. So wie Kronenburg heute aussieht, sahen viele Burgdörfer aus, die die Eifelritter um ihre Burgen herum gebaut hatten. In der Eifel lebten viele arme Ritter. Die aus Kronenburg aber hatten vergleichsweise viel Geld in ihrer Truhe. Daher konnten sie auch ein stattliches Dorf errichten. In der Nähe von Kronenburg war nämlich eisenhaltiges Gestein (Eisenerz) gefunden worden. In Hochöfen wurde das Eisenerz „gekocht" und das reine Eisen aus dem Gestein gelöst. Aus diesem Gusseisen entstanden viele Gebrauchsgegenstände. Das Geschäft blühte, und so kam Geld in die Kasse.

Die Auswanderung

Doch seit 200 Jahren gehen die Geschäfte in Kronenburg nicht mehr so gut. Das hat mehrere Gründe: Die Preußen hatten die Regierung der Eifel übernommen und teilten das Land in neue Verwaltungsbezirke auf. Dabei wurden Gebiete auseinandergerissen, die vorher gemeinschaftlich gewirtschaftet hatten. Die Einnahmen kamen nicht mehr allein Kronenburg zugute. Vor 150 Jahren musste die Bevölkerung aufgrund schlimmer Missernten auch noch hungern. Viele Menschen in der Eifel verließen ihre Dörfer und versuchten ihr Glück in der Ferne. Im Jahre 1800 gab es noch 600 Einwohner in Kronenburg, einhundert Jahre später nur noch 300. Es wurden keine neuen Häuser gebaut und somit keine alten hierfür abgerissen. Ihr könnt daher heute noch ein kaum verändertes Dorf aus früherer Zeit bestaunen.

Ein berühmter Amerikaner, der aus der Eifel stammte, war übrigens der Schriftsteller Theodore Dreiser. Sein bekanntestes Buch heißt „Eine Amerikanische Tragödie“ und beschreibt ein Auswandererschicksal. Dreisers Vater war 1844 aus Mayen nach Amerika ausgewandert, um hier der Wehrpflicht zu entgehen und dort „sein Glück zu machen“. In den 30er Jahren des vergangenen Jahrhunderts wanderten insgesamt 152.000 Deutsche, in den 40er Jahren 435.000 Deutsche nach Amerika aus.

Berühmt ist übrigens auch Kronenburgs Kirche. Sie wurde am Ende des Mittelalters gebaut (1492–1508). Das Besondere an der Kirche ist ihre Baukonstruktion. Das gesamte Gewölbe wird von nur einem Pfeiler getragen. Der Baustil der Kirche ist Spätgotik. Ein Fußweg führt im Ort zur Burgruine hinauf. In Kronenburg gibt es die Möglichkeit, Holzspielzeug (Hinweisschild) und Bioprodukte vom Bauernhof zu kaufen. Der Hasenberghof produziert unter anderem hausgemachten Käse.

Naturschutzgebiet Wirfttal ▼

Wer am Kronenburger See die Freizeitanlage nicht nutzen wollte, nun aber Lust aufs Spielen bekommen hat, der ist in Stadtkyll richtig. Hier wurde das Ferienzentrum Wirfttal erstellt. Mit Waldjugendlager aus Köhlerhütten, Kinderspiel- und Bolzplatz, zwei Stauseen, einem Freibad mit Riesenrutsche, mit Minigolf, Tennis- und Squashplätzen, einem Trimmpfad und vielem mehr.

Was es sonst noch gibt

Rund um Prüm

Eisenmuseum Jünkerath

Wie bereits am Beispiel Kronenburg gesehen, war die Eisenverhüttung für die Geschichte der Eifel sehr wichtig. Die Verhüttungsanlage bei Hillesheim gilt sogar als bislang älteste ihrer Art nördlich der Alpen. Im Mittelalter stammten rund 10% des in Europa produzierten Eisens aus der Eifel. Nicht nur handwerklich wurde das Eisen für Gebrauchsgegenstände weiterverarbeitet. Mit dem Material Gusseisen wurden auch viele Kunstgegenstände geformt. Im Eisenmuseum wird dargestellt, woher das Eisenerz kam, wie es verhüttet wurde und warum dies zu einer Waldvernichtung riesigen Ausmaßes führte. Es gibt museumspädagogisches Material.

Abstecher nach Dahlem

In Dahlem gibt es zum einen die Kartbahn. Sie ist 1.100 m lang. 10 Leih-Karts werden angeboten, auf denen man die kurvenreiche Piste entlangfahren kann. Abgesehen von den wenigen Wochenenden, an denen hier Meisterschaften ausgetragen werden, ist es eigentlich immer möglich, ein Kart zu mieten oder einfach nur ein bisschen zuzuschauen. Außerdem gibt es in Dahlem noch den Flugplatz Dahlemer-Binz. Hier kann man Ballonfahrten und Rundflüge aller Art machen.

Mit dem Schlitten auf dem „Schwarzen Mann"

Der „Schwarze Mann" gehört zu dem Höhenzug, der den Hauptteil der „Schneifel" (Schneeifel) bildet. An seinem höchsten Punkt ist er 698 m hoch. Hier ist der Ausgangspunkt für Aktivitäten zu jeder Jahreszeit. Ausgewiesen sind mehrere, auch kürzere Wanderwege. (WW 1 = 5,5 km, WW 2 = 6,2 km, WW 3 = 5,0 km, WW 4 = 4,8 km). Für Wintersportler ist bestens gesorgt. Es gibt zwei markierte Loipen, zwei Skiabfahrten mit Lift und eine Rodelbahn, ebenfalls mit (Rodel-)Lift. Ausgangspunkt für die Ski- und Rodelabfahrten ist der Durchgang links vom Blockhaus. Hier kann man Liftkarten erstehen. Hinter dem Blockhaus befinden sich ein Skiverleih und zeitweise eine Skischule. Das Abfahrtsgebiet liegt ein kleines Stück nach links im Wald.

Besonders viel Spaß macht das Rodeln, wenn die Lifte noch nicht in Betrieb sind. Dann kommt man den Skifahrern nicht in die Quere und kann alle drei Abhänge nutzen. Da die Hänge nicht allzu steil sind, lässt sich der Rückweg auch ohne Lift schaffen ...!

Mühlbergstollen in Bleialf

Bleialf hat seinen Namen von dem Bleiglanz, der dort in der Erde ruht. Bleialf wurde als Bergmannsstadt direkt über einem Erzgang erbaut. In diesem etwa 5 km in nordsüdlicher Richtung verlaufenden Gang liegt das Blei 10–50 cm dick.

Bergbau

In Bleialf hatten schon die Römer Blei abgebaut. Wisst ihr warum? Nein, nicht wegen der Bleistifte, die sind aus Graphit, einem Mineral. Außerdem wurde der „Blei“stift erst sehr viel später erfunden. Die Römer verwendeten das Blei zum Abdichten und Bau von Wasserleitungen, zum Vergießen von Mauerfugen und um ihre Grundmauern vor Nässe zu schützen. Heute wissen wir, dass man Blei nicht mit Trinkwasser in Verbindung bringen soll, denn Blei ist giftig (deshalb wird auch heute überwiegend bleifreies Benzin verwendet). Man gebraucht heute Blei noch in der Elektrotechnik, für Plomben und Geschosse, z. B. Gewehrkugeln. Blei ist ein Schwermetall und tatsächlich elfmal so schwer wie Wasser. Das meiste Blei wurde in Bleialf im Schacht „Dicke Berta“ abgebaut. Er war 320 m tief. Über ihm stand der „Wasserknecht“, eine riesengroße Pumpe. Vor etwa 100 Jahren wurde der Bergbau eingestellt. Die Halde (der „Maulwurfshügel“ der Bergarbeiter) ist mittlerweile von Büschen, Bäumen und Gras überwuchert. Ein Teil wurde aber wieder aufgerissen. Hier versuchten Mineraliensammler ihr Glück. Vor 100 Jahren wurden prächtige Steine aus Bleialf in alle Welt geschickt. Heute sind aber nur noch wenige Millimeter große Mineralien zu finden.

Wollt ihr sehen, wie die Bergarbeiter früher gearbeitet haben? Das könnt ihr hier tun! Einer der ehemaligen Stollen ist zur Besichtigung wiedereröffnet worden. Seine Wände wurden mit Hölzern aus anderen stillgelegten Bergwerken gesichert, euch wird heute nichts passieren. Wenn ihr durch den Stollen geht, wird euch sicher klar, dass dies keine angenehme Arbeit war. Sie war hart, düster und gefährlich. Deshalb war es bei den Bergleuten üblich, vor der Einfahrt mit einem Gebet um Schutz zu bitten:

„Wir richten, eh’ wir niederfahren,
Den Blick, oh Gott, empor zu dir.
Oh woll uns, Herr, getreu bewahren,
Laß wiederkehren uns nach hier.

Schließ auf den Stollen Deiner Liebe,
den finstren Schacht, in dem wir bauen.

Schirm uns vor Ort und im Betriebe,
Laß fromm und treu uns Dir vertrauen.

Herr, segne Streben, Schacht und Stollen,
Bewahre uns vor Flut und Brand.
Herr, dem wir treu gehören wollen,
Du hast die Welt in Deiner Hand.“

EIFEL-ZOO IN PRONSFELD

▲
Rasante Fahrt über den Affenfelsen

Mit dem Eifel-Zoo hat sich ein Kölner Textilhändler ein ganz besonderes Hobby zugelegt: 300.000 m² Zoogelände mit über 400 Tieren aus aller Welt. Der Rundweg führt an verschiedenen Tiergehegen vorbei zum Spielplatz, zu dessen (Sommer-)Attraktion auch ein Trampolin gehört. In einer der vielen Picknick-Ecken lässt sich gut Pause machen. Ebenfalls in unmittelbarer Nähe des Spielplatzes sind das kleine Rasthaus und der Streichelzoo gelegen. Vom Spielplatz aus geht es im großen Bogen an den Gehegen der Lamas und Nandus vorbei zu den Volieren der Schneeeulen. Die Schnee-eulenanlage ist nach Auskunft des Zoos die größte Europas. Die Eulen fressen „niedliche“, kleine, gelbe Küken und man gerät ins Nachdenken über Nahrungsketten ... Landschaftlich schön gelegen, schließen sich große Freigehege einheimischer Wildtiere aber auch der großen nordamerikanischen Wapitihirsche an.

Ein Höhepunkt des Zoobesuches ist sicherlich das Löwengehege. Anders als in den meisten großen Zoos steht man unmittelbar vor den mächtigen Tieren, die oft auch in Bewegung aus nächster Nähe zu sehen sind. Glasfenster ermöglichen einen Blick in das angeschlossene Gebäude. Manchmal lassen sich hier kleine Löwenbabys beim Spielen beobachten. Es gibt noch viele andere Tiere, darunter auch weitere Raubkatzen. Eine kleine Schienenbahn führt durch das Gelände (1,2 km, mit Bahnhof).

▲ Krokodil mit Patina

▲ Trampolinspringen

PARK DER KUNSTSCHMIEDE KRUFT IN NIEDERPRÜM

In Niederprüm, 1 km südlich von Prüm in Richtung Watzerath und Pronsfeld, liegt der ca. 20.000 m^2 große Park der Kunstschmiede Kruft. In der Kunstschmiede werden vor allem Figuren einheimischer Tiere hergestellt, die z. B. im Eifelzoo zu sehen sind. Zumeist sind die Figuren aus Bronze, einige sind in Kupfer getrieben. Hinter dem Laden beginnt der Park. Regengeschützte, riedgedeckte Pavillons und Bänke sind ideal zum Picknicken. Entlang der kleinen Seen und vielen Wege durch das Gelände stehen Figuren, einmal kleine Männchen, die bei jedem Windstoß nicken, ein anderes Mal Tiere. Eine Riesenlibelle sitzt auf einem Steg, ein Wildschwein guckt um die Ecke, auf einem (echten) Heuhaufen sind (unechte) Hähne zu sehen, und Riesenspinnen bevölkern einen abgestorbenen Baum. Im Gelände gibt es auch einige Springbrunnen.

WINTERSPORT IN DER WOLFSSCHLUCHT

Nur 570 m über NN liegt ein weiteres Wintersportgebiet. Hier gibt es zwei Abfahrtspisten (700 m lang) mit Schlepplift, Rodelmöglichkeiten und eine Langlaufloipe (9 km).

HISTORISCHE WASSERMÜHLEN, SENFMÜHLE

In Birgel und in Dahlem sind historische Wassermühlen zu bestaunen. Zu erleben gibt es Kornmahlen und Brotbacken mit historischen Geräten, zu kaufen Mühlensteinbrot oder Hausmacherwurst.

Der Senfmüller erklärt als Attraktion in Birgel auch wie Senf hergestellt wird.

Alle Infos über die Verkehrämter Oberes Kylltal, Prüm, Dahlem ab S. 179

TOUR 9

Haus des Gastes und Kurpark
Hahnplatz 1 / 54595 Prüm / Tel.: 06551-505 / **Öffnungszeiten:** Mo-Fr 9-17 Uhr, 01. Juni–31. Oktober: zusätzlich Sa 10-13 Uhr, So 10-12 Uhr. Der Kurpark liegt an der Kurparkstraße, östlich der Basilika und nördlich der Eisenbahnlinie.

Infostätte „Mensch und Natur“
Tiergartenstraße 70 / 54595 Prüm / Tel.: 06551-985755
Öffnungszeiten: Mai–September: Di-Do 13.30-16.30 Uhr, So 15-17 Uhr, Oktober–April: Di-Do 13.30-16.30 Uhr, Führungen und Programme auf Anfrage

Heimatmuseum
Heimatmuseum im Rathaus / Tiergartenstraße 54 / 54595 Prüm
Tel.: 06551-943222 oder 3173 / **Öffnungszeiten:** 01. Juni–15. September: Di, Do, So 14-17 Uhr, 16. September–31. Mai: Mi, So 14-17 Uhr

TOUR 10

Eisenmuseum Jünkerath www.eisenmuseum-juenkerath.de
Römerwall 12 / 54584 Jünkerath / Tel.: 06592-1482
Öffnungszeiten: 15. März–31. Oktober: Di-Fr, So, Fei 13-16.30 Uhr, Führungen nach Voranmeldung, auch außerhalb der Öffnungszeiten

Ferienpark Kronenburger See
Verkehrsverein oder Ferienparkverwaltung: Sarcon Ferienparks
Tel.: 01805-100411 (0,14 Euro/Min. aus dem dt. Festnetz) oder 040-4117000 (aus dem Ausland)

Freizeitanlage Kart-Bahn Dahlem
Dahlemer Binz / Tel.: 02447-1866
Öffnungszeiten: März–Oktober: Di-Do, So 11-19 Uhr, Fr 14-19.30 Uhr, Sa 15-18 Uhr

Was es sonst noch gibt – rund um Prüm:

Wintersportzentrum „Schwarzer Mann“
54595 Gondenbrett / aktueller Schneehöhenbericht Tel.: 0551-4422
Wintersportgeräteverleih Tel.: 06551-965757. Restauration: Blockhaus „Schwarzer Mann“ / 54595 Gondenbrett / Tel.: 06551-3252

Wintersportgebiet „Wolfsschlucht“ bei Prüm
Auskunft erteilt: Verkehrsamt Prüm / Hahnplatz 1 / 54595 Prüm / Tel.: 06551-505

Bergwerk Bleialf
Information und Anmeldung unter Tel.: 06555-1016 oder 8504

Skulpturen- und Brunnenpark in Niederprüm www.skulpturenpark-kruft.de
St.-Vither-Straße 62 / 54595 Prüm / Tel.: 06551-2214
Öffnungszeiten: täglich 10-19 Uhr

Historische Wasser- und Senfmühle Birgel www.moulin.de
Bahnhofstraße 16 / 54587 Birgel / Tel.: 06597-92820, Fax: 06597-9282149
Öffnungszeiten: Ostern–31. Oktober: täglich 11-20 Uhr, Führungen täglich 15 Uhr, 01. November–Ostern: Di-So 12-14.30 Uhr, 18-22 Uhr, Mo geschlossen, Gruppen nach Vereinbarung

Rund um
Daun in 8 Touren

SÜD-/OSTEIFEL

Tour 12
TOTENMAAR

Tour 11
RUNDGANG STADT DAUN

Tour 13
DER „WALLENDE BORN“

DAUN

Tour 14
ZU DEN FOSSILIEN

Tour 18
VILLA SERABODIS

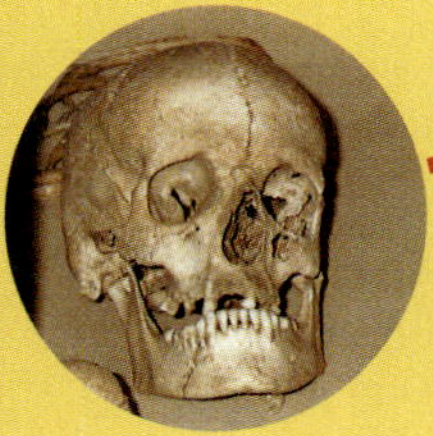

Tour 15
MAUSEFALLENMUSEUM

Tour 17
RITTERBURG MANDERSCHEID

Tour 16
HILLESHEIMER GEOPFAD

WAS ES SONST NOCH GIBT

Tour 11
Von der Burg auf dem Berg zum Sprudel im Tal

Rundgang durch die Stadt Daun

Zum Kreis Daun gehören viele beliebte Ferienorte. Daun selbst ist Handels- und Verwaltungszentrum der Region, in der auch die größeren Orte Gerolstein, Hillesheim, Jünkerath und Stadtkyll liegen.

Der Stadtrundgang durch Daun beginnt auf dem großen Marktplatz. Er liegt zwischen der Leopold- und der Gartenstraße. Zuerst geht es ein kleines Stück die Leopoldstraße entlang. Weiter geht es über die Leopoldstraße. Auf der linken Seite, vor dem „Forum" steht eine Statue des dickbäuchigen römischen Weingottes Bacchus. Im Forum ist der Verkehrsverein des Kreises Daun untergebracht. Kindertheaterstücke und (Kinder)-Spielfilme werden auch hier gezeigt. Kurz hinter dem Forum geht links der steile Weg zur Dauner Burg hoch. Oben liegt die kleine evangelische Kirche. Sie ist so klein, weil im Bezirk Daun überwiegend Katholiken wohnen. Von der Kirche aus kann man weit über das Liesertal schauen.

Von der alten Dauner Burg ist fast nur noch das kurfürstliche Amtshaus stehengeblieben. Die Herren von „Dune" hatten vor 1.000 Jahren hier ihren Stammsitz errichtet. Im 14. Jahrhundert, unter Aegidius von Braun, der der „tolle Gilles" genannt wurde, endete die Herrschaft der Familie. Nach Auseinandersetzungen zwischen den Erzbischöfen von Trier und Köln fiel die Burg, obwohl noch auf Kölner Gebiet liegend, schließlich an Trier. Mehrere Jahrhunderte lang war hier ein kurtrierischer Amtssitz. In den Raubkriegen Ludwigs XIV. wurde die Burg 1689, wie so viele andere in der Eifel, von den französischen Truppen gesprengt. Weitere Verwüstungen geschahen infolge des Zweiten Weltkrieges. Heute kann man noch Teile der Außenmauer, das Außentor mit Wächterhaus sowie das erst 1712 vom Trierer Hofbaumeister Ravensteyn errichtete Amtshaus sehen. Darin ist nun ein Hotel mit Restaurant untergebracht. Hier übernachten zuweilen Rennfahrer, wenn am Nürburgring ein wichtiges Rennen stattfindet.

Zurück geht es zur Leopoldstraße, die jetzt Burgfriedstraße heißt. Diese mündet in die Lindenstraße ein. Nach einer Rechts- und einer Linkskurve kann man entweder nach links herum die Lindenstraße weiter entlangbummeln oder nach rechts in die Abt-Richard-Straße abbiegen. Am Café am Park geht es rechts in die Rosenbergstraße hinein und zurück zum Ausgangspunkt. Wer ein bisschen mehr Zeit hat, wandert weiter, also von der Burg auf dem Berg zum Sprudel im Tal. An der Kreuzung Linden-/Friedhofs-/Abt-Richard-Straße geht es links in die Lindenstraße.

Diese heißt später Wirich-, dann Maria-Hilfstraße. Sie führt am Krankenhaus vorbei. Bald gabelt sich die Straße. Hier den rechten „Zinken" nehmen und auf der Alten Poststraße weitergehen. Hinter den letzten Häusern verengt sich die Straße zu einem Weg. Links abbiegen und dem ausgeschilderten Weg zum Kurpark folgen. Er führt über das Flüsschen Lieser in den Kurpark. Hier gibt es Teiche mit Enten, Bänke zum Picknicken, eine Minigolfanlage und einen Sauerbrunnen. Aus einem Automat zieht man Klappbecher (gegen Entgelt) und kann kostenlos probieren wie Sprudelwasser schmeckt, wenn es direkt aus der Erde kommt. Unmittelbar neben dem Kurpark liegt die Dauner-Sprudel-Fabrik. Gut essen kann man in Kuchers Landhotel (06592-629) in Daun-Darscheid.

Vulkanmuseum

Extras

Das 1996 erst eröffnete Vulkanmuseum ist Mittelpunkt des Geozentrums Vulkaneifel. Hier wird zwar auch der weltweite Vulkanismus dokumentiert, im Mittelpunkt steht aber die vulkanische Geschichte der Eifel. Dies geschieht mit Hilfe interaktiver Computermodelle, von Landschaftsmodellen, Info-Tafeln und Exponaten (z. B. Gesteinsarten). Kindern macht besonders viel Spaß, mittels einer Fußpumpe einen Vulkanausbruch zu simulieren. Aus dem Krater kommen Dampf und „Schlackenfetzen". Ein umfangreicher Schulungsbereich rundet das Angebot ab. Hier befinden sich Einrichtungen zum Mikroskopieren, Schleifen und Polieren sowie eine umfangreiche Fach- und Videobibliothek.

Das Sprudelwasser – Besichtigung der Sprudelfabrik

Sicher trinkt ihr alle Sprudel und ab und zu auch einmal Limonade. Schaut euch in der Sprudelfabrik einmal an, wie der Sprudel in die Flasche kommt. Treffpunkt für die Besichtigung ist der Eingang zur Sprudelfabrik. Zu Beginn der Führung erzählt der Führer etwas über die Geschichte der Sprudelfabrik, wieviele Leute dort arbeiten usw. Da immer ziemlich viele Erwachsene dabei sind und die Führer nicht unbedingt auf Kinder Rücksicht nehmen, kommt euch der einleitende Teil vielleicht etwas langweilig vor. Haltet aber durch! Bald schon geht es durch die Produktionsanlagen und ihr könnt sehen, wie die gebrauchten Sprudelflaschen erst einmal unter ziemlich lautem Geklirr sauber gespült werden. Später geht es dann in die Abfüllhallen, wo computergesteuert festgelegt wird, ob Limonade oder ein stilles Wasser abgefüllt werden soll. Zu sehen sind auch alte Abfüllanlagen, die schon lange nicht mehr gebraucht werden. Zum Abschluss der Führung könnt ihr euch noch eine kleine Flasche zum Probieren schenken lassen. Im Programm des Verkehrsvereins Daun wird auf Termine für Besichtigungen hingewiesen.

Ski- und Rodelbahn Mäuseberg

An der Landstraße von Daun zu den Maaren liegt auf der rechten Seite, nicht weit vom Totenmaar, der Mäuseberg. An der Landstraße befindet sich ein Parkplatz, der Weg ist ausgeschildert. Auf dem Mäuseberg lässt es sich herrlich rodeln. Bei guter Schneelage ist hier auch Skiabfahrtslauf (Lift) möglich.

Tour 12

Zum versunkenen Schloss im Totenmaar

Wanderung um einen Vulkantrichter und eine Kirche, deren Gemeinde durch die Pest untergegangen ist.

▲ Maar oder Märchensee?

Von Daun aus führt der Wanderweg Nr. 4 dorthin. Über die Leopoldstraße und die Burgfriedstraße geht es los. Die Beschilderung entspricht der des Hauptwanderweges des Eifelvereins (HWW 1). Auf der einen Straßenseite liegt das tiefergelegene Schalkenmehrener Maar und auf der anderen Seite unser Ziel, das Weinfelder Maar. Der Blick von hier aus ist berühmt. Fritz von Wille, der Eifel-Maler, hat ihn in seinem bekanntesten Bild verewigt. Er musste das Motiv immer wieder malen, was er mit den Worten kommentierte: „Immer nur Spinat mit Spiegelei". Mit Spiegelei meinte er die Ginsterbüsche, die im späten Frühjahr gelb auf dem grünen Untergrund leuchten.

Das Ufer des Weinfelder Maars ist kaum bewaldet, sodass die ursprüngliche, typische Ringform eines Maares gut zu erkennen ist. Wege um das Maar gibt es auf verschiedenen Ebenen, die alle vom Wanderparkplatz aus zugänglich sind. Für Kinder eignet sich gut der untere Weg, der direkt am Ufer entlang führt. Von dort aus lässt sich das Seeufer im Frühjahr auf Kaulquappen untersuchen, und man kann nach Nistplätzen der Enten im Schilf Ausschau halten. (Bitte nicht stören!)

Auf halber Strecke führt ein Weg hoch zur Weinfelder Kirche, einer einsam am Hang gelegenen Kapelle. Die kleine Kirche mit ihrem Kirchhof war einst die Pfarrkirche des vor 400 Jahren durch die Pest ausgestorbenen Dorfes Weinfeld, das dem Maar seinen Namen gegeben hat. Der Turm und das Gewölbe der Kirche sind 600 Jahre alt. In der Kirche befinden sich viele kleine Tafeln zum Dank für die Erhörung eines Gebetes.

Von der Kirche aus führen wiederum auf allen Ebenen Wege zurück zum Ausgangspunkt. Allein der Untergang des Dorfes Weinfeld durch die Pest wäre ein Grund, das Maar „Totenmaar" zu nennen. Es gibt aber noch eine andere schaurige Geschichte: die vom untergegangenen Schloss.

Die Geschichte von Totenmaar

Stellt euch vor, ein Schloss taucht auf. Vielleicht nur einmal in 100 Jahren, und ihr habt es gesehen! Dazu müsst ihr ans Weinfelder Maar, genannt „Totenmaar“. Dieses Schloss befindet sich, so erzählt man, auf dem Grund des Maares! Ursprünglich stand nämlich hier die Dauner Burg. Einen See gab es noch nicht. Der in der Burg herrschende Graf hatte eine böse und hartherzige Ehefrau. Die Gräfin blickte hochmütig auf die einfachen Leute herab. Lieber fütterte sie ihre Hunde und Schweine mit den Resten aus der Burgküche, als dass sie den Armen etwas davon abgegeben hätte. Auch gegenüber der Dienerschaft war sie unfreundlich und ungerecht, sodass niemand sie leiden konnte. Am Morgen eines klaren Wintertages ritt der Graf mit seinem Gefolge zur Jagd aus. Als er feststellte, dass er seine Handschuhe vergessen hatte, ritt ein Knappe zurück, um sie zu holen. Dabei folgte er den im Schnee deutlich sichtbaren Spuren des Hinweges. Er konnte also den richtigen Weg nicht verfehlt haben. Als er aber dort ankam, wo die Burg gestanden hatte, erblickte er einen See. Die Burg war verschwunden, kein Mensch zu sehen! Schnell ritt er zum Grafen, der das Erzählte natürlich nicht glauben wollte. Der Graf rief aus: „Eher scharrt mein Pferd mit seinem Huf hier eine Quelle aus dem Boden, als dass ich Dir glaube!“ Kaum hatte er dies ausgesprochen, da begann das Pferd auch schon mit seinen Hufen zu scharren. Dort, wo die Erde aufgescharrt wurde, begann eine Quelle hervorzusprudeln. Der Graf ritt daraufhin in aller Eile selbst zurück und sah, dass der Knappe die Wahrheit gesagt hatte. Stumm starrte der Graf das Wasser an. Da erblickte er eine Wiege, die von der Mitte des Sees her zum Ufer trieb. In der Wiege lag sein eigenes – wundersam gerettetes – Kind. Er nahm es an sich, schwang sich auf sein Pferd und ritt für immer davon. Der See wird seither Totenmaar genannt, die neu entstandene Quelle der „Falchertsborn“ (nach Pracht).

Nun entstehen Maare allerdings durch Vulkanausbrüche, und das gilt auch für das Totenmaar. Doch das Totenmaar wirkt so unheimlich, dass man die Geschichte glauben möchte. Vielleicht habt ihr Lust, das Schloss auf dem Grund des Maares zu Hause einmal zu malen?

Wer von Daun aus hergewandert ist, kann einen anderen Weg zurücknehmen. Wo der Wanderweg 4 des Hinweges auf das Totenmaar trifft, das Maar links herum auf dem oberen Weg umwandern. Nicht weit vor der Kapelle geht links zum zweiten Mal der Wanderweg 5 ab. In diesen abbiegen. Der Weg führt über den Mäuseberg am Aussichtspunkt Dronketurm vorbei und oberhalb des Gemündener Maares rechts herum nach Daun zurück.

Tour 13
Von brubbelnden Brunnen und geheimnisvollen Gängen

Bei dieser Tour gibt es einen merkwürdigen Brunnen und lange, dunkle Höhlen zu entdecken.

Von Daum aus über die B 257 Richtung Bitburg. Bei Wallenborn links in den Ort einbiegen und der Ausschilderung zum „wallenden Born“ folgen.

Eifelgeysir

Geysire

Der „wallende Born“ (Born ist altertümlich für Brunnen, Quelle) wird von den Einheimischen nur „Brubbel“ genannt. Geht einmal näher heran! Er brubbelt nämlich wirklich. Das Wasser im Brunnen sieht aus wie kochendes Öl. Außerdem stinkt es ordentlich nach Schwefel. Was ihr da seht, ist Wasser mit brubbelnder Kohlensäure, wie in einem riesengroßen Glas Sprudel. Die Kohlensäure wallt das Wasser in regelmäßigen Abständen (= periodisch) auf. Ungefähr 15 Minuten lang brubbelt das Wasser nach oben. Fast überspült es schon das Mäuerchen der Einfassung. Doch dann wird es plötzlich wieder still. Der Wasserspiegel sinkt einen halben Meter ab und bleibt für die nächste halbe Stunde ruhig daliegen. Wie haben die Menschen das früher wohl erlebt? Bestimmt dachten sie, dass Geister ihre Hände im Spiel hatten.

Wir können das heute besser erklären und wissen, dass Gase aus der Erde nach oben steigen und das Wasser hochdrücken. Diese Gase sind tief unten in der Erde, ungefähr so weit unten, wie ein Kirchturm hoch ist (38 m). Wenn ihr solche Brubbel auch an anderen Stellen einmal sehen wolltet, müsstet ihr mindestens bis Island reisen.

Blick vom Salmwald bis zum Hunsrück

Man kann in Wallenborn noch mehr unternehmen. Möglich wären eine Imkereibesichtigung oder eine Kräuterexkursion. Auf dem Weg zur Bundesstraße zurück, sollte man aber auf alle Fälle noch beim Wallenborner Sauerbrunnen vorbeifahren oder spazieren. Er liegt in der Nähe des Sportplatzes, an der Schulstraße. Es ist eine kleine, eingefasste Quelle aus der der Sprudel direkt „ab Berg“ getrunken werden kann. Er schmeckt ein bisschen fade, weil er nicht so viel Kohlensäure enthält.

Weiter geht es über die B 257 in Richtung Bitburg. Nach etwa 2 km geht es rechts ab nach Salm (Aussichtspunkt) und von dort weiter nach Birresborn.

Die Wanderung führt über den rechten der beiden Spazierwege entsprechend der Bezeichnung „Eishöhlen“ (Wanderweg 1 /2 /3). Der Weg führt durch Mischwald an Bauresten und einem Rinnsal vorbei. Links vom Weg kann man weit oben die Abbruchkante des Eishöhlenbereiches sehen. Dicke, moosüberwucherte Steinbrocken liegen am Abhang. Bald geht nach links der Abzweig Wanderweg 1 /2 „Eishöhlen“ ab. Nach einem kürzeren, steilen Fußweg den Berg hinauf, sind die Eishöhlen erreicht.

Man steht inmitten eines ehemaligen Mühlsteinbruches. Der Berg, ein Vulkanschlackenkegel, wurde einst aufgebrochen, um aus dem Basaltgestein Brocken für Mühlsteine herauszuholen.

Die Höhlen

Hier oben ist ein Labyrinth aus Steinbrocken, Schluchten und Höhlen übrig geblieben. Wie aber haben es die Menschen wohl damals geschafft, ganz ohne Pressluftbohrer und technische Hilfsmittel die harten Steine aus dem Fels herauszubrechen? Mit Sprengstoff meint ihr? Damit hätten sie zwar Steine heraussprengen können, doch sie brauchten ganz besonders geformte Felsbrocken. Schließlich wollten sie die den Müllern ja als Mühlsteine verkaufen.

Unsere Vorfahren hatten eine alte Idee für sich genutzt. Sie funktioniert noch heute, und ihr könnt es mit Erwachsenenhilfe ja selbst einmal ausprobieren. Zuerst trieben die Steinmetze Gänge in die Lavalager. Dann kam der Trick: Ein Mühlstein wurde in Umrissen vom Fels losgemeißelt. Überall dort, wo er noch Verbindung mit der Wand hatte, wurden in kleine Löcher trockene Holzkeile eingeführt. Danach wurden sie nass gehalten, bis sie sich ausdehnten und den Stein von der Wand lossprengten.

Da die Höhlen nur eine Öffnung haben und ihr Boden bergeinwärts abfällt, kommt kalte Winterluft hinein und nicht wieder heraus. So erklärt es sich, dass das Tropfwasser zuweilen bis in den Sommer hinein gefriert. Deshalb werden die Höhlen „Eishöhlen" genannt. Vielleicht habt ihr gehört, dass man eine der Höhlen erforschen kann?

Der sich nun anschließende Wanderweg ist für Kinderwagenbenutzer nur unter Mühen zu verwenden, da es ein Stück über eine Wiese geht. Rechts hinter dem Höhlenbereich führt eine kleine Holztreppe zu einer Weide hoch. Hier der Beschilderung „Adam und Eva" folgen. Hinter dem Wiesenweg stößt man auf einen größeren, asphaltierten Weg. In diesen links einbiegen. Nach ca. 300 m entweder geradeaus weiter (Abkürzung zum Parkplatz) oder rechts in Richtung „Adam und Eva" gehen. Der Weg zu „Adam und Eva" führt am Rande eines Lärchenwaldes entlang zu einer großen Waldwegekreuzung.

Bänke, eine Schutzhütte und eine weitläufige Lichtung eignen sich zum Picknicken und Spielen. Mittendrin stehen „Adam und Eva". Hinter diesen Namen stecken zwei ungefähr 200 (!) Jahre alte Kiefern. Beide sind etwa 20 m hoch und haben einen Umfang von 3 m. Eva ist halbhohl und deshalb eisenverstärkt.

Hinter den Kiefern geht es nach links auf dem Weg mit der Kennzeichnung „Birresborn". Er führt etwa 1 km bergab auf der anderen Seite des Lärchenhaines entlang. Am rechten Wegesrand befinden sich ein Wasser-

▲
Ob Karl der Große als Baby hier gelebt hat?

rinnsal zum Spielen und Bänke zum Ausruhen. Dann stößt der Weg auf einen anderen. In diesen links einbiegen. Nach kurzer Zeit gelangt man wieder auf den schon genannten asphaltierten Weg. Diesem nach rechts folgen. Er macht bald eine scharfe Linkskurve (nicht rechts abbiegen!) und führt oberhalb von Birresborn zum Ausgangspunkt zurück. Kurz vor der Einmündung am Parkplatz steht ein Kreuz am Wegesrand. Es wurde errichtet zur Erinnerung an jemanden, der auf einer Pilgerwanderung gestorben ist. Es gibt in der Eifel sehr viele Wegkreuze, und manche sind schon sehr alt. Wenn sie kurz vor einem Dorf stehen, kann es sein, dass sie auf jemanden hinweisen, der vor 100 Jahren in einem Schneesturm das Dorf nicht mehr rechtzeitig fand.

Zurück nach Daun entlang der Kyll nach Mürlenbach und durch den Salmwald zurück zur B 257. Oder: Kyll entlang nach Lissingen (B 410) und über Gerolstein (B 421) nach Daun.

Imkerei

Extras

75 m vom „Brubbel“ entfernt, befindet sich die Imkerei Mehler in Wallenborn. Ihr angeschlossen ist ein kleiner Laden, der Honig und Honigprodukte verkauft. Samstags ist die Imkerei auch zu besichtigen. Es werden Schauwaben, Bienenstöcke und Schleudern gezeigt sowie das Leben der Bienen erklärt. Unter anderem erfahren wir, wie die eine Biene es schafft, einer anderen Biene den Standort eines besonders ergiebigen Rapsfeldes zu „erklären“.

Bertradaburg in Mürlenbach

Wer die Bertradaburg sehen möchte, muss nach Mürlenbach fahren. Rechts an der Post parken und den Fußweg zur Bertradaburg einschlagen, vorbei an alten Dorfhäusern und einem Ziehbrunnen. Die Bertradaburg wurde erst kürzlich renoviert. Sie ist Schauplatz des rheinland-pfälzischen Kultursommers, schön anzusehen und 700 Jahre alt. Angeblich soll Bertrada hier gelebt haben und ihren Sohn, Karl den Großen, in Mürlenbach zur Welt gebracht haben. Im Burghof ist eine gemütliche Weinstube, in der es aber auch andere Getränke und Butterbrote gibt.

Tour 14

Von Knochen und Versteinerungen

Wer findet das Grab des Försters in der Friedhofshecke? Im Ackerboden liegen seit Jahrmillionen Fossilien versteckt!

Von Daun aus über die B 257 in Richtung Bitburg. Das Dorf Weidenbach liegt nach ca. 16 km auf der linken Seite der Bundesstraße. Zum Dorf abbiegen.

Im Dorf Weidenbach beginnt die Wanderung. Am Brunnen gegenüber der Kirche befindet sich ein Schaukasten mit Wanderkarte. Das alte Dorf Weidenbach lag bis zur großen Pestzeit im Mittelalter ein Stückchen weiter nördlich in einem Tal. Da damals fast alle Einwohner an der Pest gestorben waren, beschlossen die wenigen Überlebenden, ihr Dorf an einer neuen, der jetzigen Stelle am Hang wiederaufzubauen.

Los geht es über die Dorfhauptstraße in Richtung Schutz (Wanderweg 1). Kurz vor dem Ortsausgang passiert man den Sportplatz (Kicken erlaubt!). Dahinter, an einer Gabelung, die Hauptstraße verlassen und den linken Weg nehmen. Hier liegt der Dorffriedhof. Er wurde erst vor ungefähr 150 Jahren errichtet.

Preussen in der Eifel

Hierzu gibt es eine gruselige Geschichte! Um die zu verstehen, muss man erst einmal in die damalige Landkarte schauen: Anfang des vorletzten Jahrhunderts gab es Deutschland als einheitlichen Staat noch nicht. Die Eifel wurde 1815 Preußen zugeteilt. Die Hauptstadt Preußens war – wie heute die deutsche Hauptstadt – Berlin. Dies liegt aber weit entfernt von der Eifel. Wer damals von Berlin nach Weidenbach wollte, hatte einige Tagesreisen mit der Postkutsche vor sich. Die Eifelbewohner waren sehr arm und hatten keine gute Schulbildung. Alle Beamten der Verwaltung wurden deshalb aus Berlin hergeschickt und den Eiflern vor die Nase gesetzt. Da die Eifel zu dieser Zeit kaum noch Wälder hatte, beschloss die Regierung, die Eifel wieder aufzuforsten. Dafür brauchte man Forstämter. Die Förster kamen, wie alle Beamten, aus der Hauptstadt und ihrer Umgebung. Dies führte auch einen evangelischen Förster nach Weidenbach.

In der Eifel aber waren die Menschen katholisch, und das machte damals einen riesengroßen Unterschied. Man misstraute sich sehr. Undenkbar war es zum Beispiel, dass Katholische und Evangelische heirateten. Noch eure Eltern kennen vermutlich Grundschulen, in denen katholische und evangelische Kinder getrennt unterrichtet wurden. Klar, dass die Eifler gegenüber dem evangelischen Förster aus Preußen höchst misstrauisch waren. Eines Tages fand man den noch jungen Mann tot auf. Die Bestattung hätte nun eigentlich auf dem Kirchhof erfolgen müssen. Die (katholische) Dorfbevölkerung weigerte sich aber, so etwas zuzulassen. Daraufhin schloss die Verwaltung – evangelische Beamtenkollegen – ganz einfach den (katholischen) Kirchhof. Gleichzeitig befahl sie, dass ein neuer Gemeindefriedhof angelegt werden sollte. Eben der Friedhof, auf dem ihr gerade steht. Der wurde dann auch in sicherer Entfernung von der geweihten Kirchhoferde errichtet. Der erste Tote, der auf dem neuen Kirchhof beerdigt wurde, war der Förster. Das Grab wurde am äußersten Ende des Friedhofs in der rechten Ecke unter der Hecke angelegt und geriet in Vergessenheit. Erst vor kurzer Zeit wurde es unter der Hecke freigelegt. Die Försterkollegen hatten den Grabstein gestiftet. Er hat die Form eines Eichenbaumstumpfes und ist mit Jagdzubehör geschmückt.

Die Bewohner wollten nun – so erzählt man sich im Dorf – ihre Toten nicht in der „ungeweihten" evangelischen Erde bestatten. Deshalb beerdigten sie damals nur mit Steinen gefüllte Särge. Die Leichname selbst wurden in der Nacht auf dem alten Kirchhof bestattet. Diese Geschichte könnte wahr sein, denn als vor 15 Jahren die alte Bruchsteinmauer umfiel, die den Kirchhof begrenzte, fand man die Knochen von mindestens 30 Personen an einer Stelle neben der Mauer.

▲ Aus Schlehen kann man guten Aufgesetzten machen

Zurück auf dem Weg geht es geradeaus weiter, oberhalb der Straße nach Schutz. An einer Gabelung den rechten Weg nehmen. Nach etwa 300 m, da wo rechts Schlehenbüsche am Wegesrand stehen, beginnt auf der linken Seite ein großer Acker. Hier kann die Suche nach den Versteinerungen anfangen. Wer aufmerksam sucht, kann in nur einer halben Stunde schon eine ordentliche Ausbeute schaffen. Am meisten Glück hat man mit den rötlich gefärbten Steinen, vor allem nach dem Pflügen im Herbst und Winter. Dass hier versteinerte Pflanzen und Tiere zu finden sind, hängt mit der Ur- und Frühgeschichte der Eifel zusammen.

Fossilien

Die versteinerten Tiere haben vor 360 Millionen Jahren während der Devonzeit hier in einem Meer gelebt. Im Weidenbacher Acker findet man vor allem Brachiopoden. Hat man einen Stein im Verdacht, Fossilien zu enthalten, lohnt es sich manchmal, ihn mit einem Hammer entzweizuschlagen. Mit ein bisschen Glück bekommt man so einen schönen Positiv- und Negativabdruck einer Versteinerung.

Wer findet die schönsten Versteinerungen?

links: aus dem Verborgenen herausgeholt – Förstergrabmal, mitte: überall stehen Hochsitze rechts: frischgeplügte Äcker sind am besten!

Von der Fossilienfundstelle kann man denselben Weg zurückgehen. Hinter dem Sportplatz geht sodann links der Wanderweg 3 /7 entlang des Waldrandes ab. 50 m weiter ist die Straße „Auf Hostert". Geradeaus geht ein Wiesenweg weiter. Der führt im Bogen unterhalb des Dorfes entlang. Dort, wo er eine kleine Teerstraße kreuzt, kann man entweder nach links zum Pappelhof (Gaststätte) abbiegen oder geradeaus über den Brunnenweg zum Parkplatz an der Kirche zurückgehen.

Rundweg 1

Extras

Wer mag, kann vom Fossilienacker aus weiter dem Rundweg 1 folgen. Der Weg führt zunächst über Felder, dann am Waldrand entlang. Hier gibt es viel Wild, und man entdeckt zuweilen Wildschweinspuren. Schließlich führt der Rundweg am Hubelsbach entlang nach Weidenbach zurück. Im Herbst blühen in der Bachaue unzählige Herbstzeitlose. Das Gift der Blumen, Colchicum, ist heimtückisch und wirkt tödlich. Die Herbstzeitlose sieht wie ein blasslilafarbener Krokus aus.

Rundweg 3

Der Rundweg 3 geht am Sportplatz ab und führt in etwa einer Stunde oberhalb des Baches Salm durch den Wald. Am Wirtshaus „Binsenmühle" (älteres Publikum, nicht besonders für Kinder geeignet) geht es über die Salm und rechts durch den Wald am Pappelhof (Minigolf, Kicker, Darts, Poolbillard) vorbei nach Weidenbach zurück. Der Weg verläuft sehr eben und ist daher auch für kleine Kinder und Kinderwagen geeignet.

▶ Rundwege um Weidenbach

Tour 15

Ritterburg und Lavabruch

Die Wanderung führt an einem Steinbruch vorbei zu einer seit 500 Jahren verlassenen Ritterburg auf der „Freudenkoppe" bei Neroth.

Von Daun über die B 257 in Richtung Bitburg. In Oberstadtfeld nach Neroth abbiegen. Hier parken und zu Fuß durch das Dorf am Mausefallenmuseum vorbei zum Waldrand oder mit dem Auto bis zum Waldrand fahren.

Der Wanderweg führt am Waldrand entlang in die vom Dorf entgegengesetzte Richtung. Nach ein paar hundert Metern ist ein guter Aussichtspunkt mit Blick auf den riesengroßen Lavasteinbruch erreicht. Der Rand des Steinbruchs beginnt hier und reicht bis zum gegenüberliegenden Berg. An der (versperrten) Zufahrt zum Steinbruch biegt links ein steiler Weg nach oben ab. Danach kommt man auf eine große Wiese, auf der vereinzelte Gruppen von Nadelbäumen stehen. Sie eignet sich hervorragend zum Picknicken und Spielen oder Sonnen.

Nun geht es nur noch ca. 100 m am Waldrand entlang, dann führt links der Weg zur Freudenkoppe. Noch ein kurzes Stück geht der Weg ebenerdig durch den Wald, dann wieder steil den Berg hoch, vorbei an riesigen, alten Buchen. Der Waldboden ist nun von Lavabrocken übersäht. Plötzlich taucht die Ruine des Burghauses auf. Es stehen nur noch Teile der Außenwände von Burghaus und Bergfried.

Die Burg wurde im Jahr 1340 vom blinden Luxemburger König Johann von Böhmen erbaut. Schon 6 Jahre später musste er sie wieder verlassen, da der Trierer Erzbischof Balduin von hier aus seinen Kampf gegen die Grafen aus Daun organisierte. Auch diese Burg wurde im 17. Jahrhundert durch die französischen Truppen in den Raubkriegen Ludwigs XIV. zerstört. Zwischen den Resten von Burg und Burgmauer erobert sich die Natur ihren Platz zurück: Wurzeln der hohen Bäume ragen durch das Mauerwerk, alles ist von Moosen überwuchert.

Klettern an der Burgmauer ▼

Direkt unterhalb der Burg, auf der anderen Bergseite, befindet sich eine große düstere Höhle. Auch bei dieser Höhle handelt es sich um einen ehemaligen Mühlsteinbruch. Brocken des herausgebrochenen Basaltgesteines kann man noch erkennen. Die Höhle ist weit im Lande bekannt geworden, weil sich an diesem schaurig-schönen Platz im Jahr 1919 der Nerother Wandervogelbund gründete.

Die Wandervögel

Die Wandervögel waren Teil der um die Wende vom 19. zum 20. Jahrhundert entstandenen Jugendbewegung. Die hierin sich organisierenden Jugendlichen wollten die Natur durch Wandern erfahren. Sie wollten leben, ohne dauernd auf Regeln achten zu müssen. In mancher Hinsicht waren Jugendliche damals nämlich viel eingeschränkter als heute. Es gab unzählige strenge Benimmregeln. Außerdem wollten die Wandervögel alte Volkslieder wiederbeleben und Volkstänze tanzen. So, als ob „früher" alles besser gewesen wäre. Der Schriftsteller Hans Fallada schrieb über seine Wandervogelzeit in seinem Buch „Damals bei uns Daheim":

Heute weiß man kaum noch, was in jenen ersten Tagen der Jahrhundertwende der „Wandervogel" bedeutete. Er war eine Gründung der Jugend, und er war eine Gründung, die eine Auflehnung gegen das Alter und Bürgertum, gegen Kastengeist und Muckerei bedeutete ... Man gab sich herrlich frei und unbekümmert. Je wilder die Tracht, je rauher die Sitten, um so besser! Man spottete über Spaziergänge, man ging auf Fahrt, man verachtete Fremdwörter, Tabak, Alkohol und Poussieren ... und zog ... mit Mandoline und Gitarre ... durch die Lande. Man verachtete warme Unterwäsche, ging auch winters mit nackten Knien und kochte das Essen, meist der Schlangenfraß genannt, in großen Kesseln auf dem offenen Lagerfeuer".

Mausefallenmuseum Neroth

Extra

Was die Nerother von 1832 an bis 1979 alles mit Draht hergestellt haben, wird hier gezeigt. Schmuckstück ist eine alte Originalwerkstatt von 1884 mit Werkzeugen und selbstgebauten Maschinen. Dass ausgerechnet in Neroth Drahtwaren entstanden, die bis nach England verkauft wurden, kam so: Der Dorfschullehrer Theodor Kläs lernte auf seinen Reisen das Handwerk des Drahtwirkens kennen und erzählte zu Hause davon. Dort begannen dann die Frauen, Kinder und alten Leute in Heimarbeit, Fangapparate für Mäuse aus Draht herzustellen. Die Männer des Dorfes gingen damit in ganz Deutschland und im umliegenden Ausland hausieren, das heißt, sie gingen von Haus zu Haus und versuchten, ihre Waren zu verkaufen. Das von ihnen dabei benutzte Hausierer-Rotwelsch mit jiddischen Sprachanteilen ist heute noch im Ortsdialekt zu finden.
Die Drahtfallen verkauften sich so gut, dass auch noch andere Gegenstände aus Draht gefertigt wurden, zum Beispiel Schneebesen, Körbe, Kuchenuntersetzer und Blumenampeln.
Im Museum kann man also nicht nur die verschiedenen Sorten Mausefallen, sondern auch die anderen Drahtwaren anschauen. Urkunden und Fotos erzählen vom Leben der Hausierer, und ein Film zeigt, wie die Drahtwaren gebunden werden. Mit ihrer Drahtwarenfertigung verdienten die Nerother so viel Geld, dass sie, anders als viele Menschen in den Dörfern ringsum, nicht nach Amerika auswandern mussten, um dort ihr Glück zu machen.

Tour 16

Auf den Spuren der Steine

Der Ausflug führt zu Stationen des Hillesheimer Geo-Pfades. Dabei gibt es einen wachsenden Wasserfall zu sehen.

Von Daun aus über die B 257 Richtung Bitburg. Am Ortausgang von Daun rechts Richtung Gerolstein, über Neunkirchen und Kirchweiler bis Pelm. Weiter geht es auch über die B 410 in Richtung Dreis (in Rockeskyll kann man eine Schnapsbrennerei besichtigen). In Walsdorf links über die B 421 in Richtung Hillesheim.

Im Arensbergvulkan

Hillesheim ist aus einer der vielen Eifel-Ritterburgen hervorgegangen. Auch die Ritter von Hillesheim hatten gegen die umliegenden, mächtigeren Herrscher anzukämpfen. So fiel die Burg im Laufe des Mittelalters an Luxemburg und dann, infolge eines geplatzten Darlehens, an Wilhelm V. von Jülich. 1352 wurde dieser Wilhelm von seinen eigenen Söhnen bekämpft. Er bekam vom Erzbischof von Trier Hilfe zugesichert. Da die Jülicher eben diesem Trierer Erzbischof Geld schuldeten, musste Wilhelm seine Hillesheimer Burg zur Sicherheit verpfänden. Gelang es den Jülichern nicht, dem Trierer Erzbischof das Geld zurückzuzahlen, durfte der Erzbischof Hillesheim behalten. Natürlich konnten die Jülicher ihre Schuld nicht begleichen, und die Trierer besetzten die Stadt. Da die neuen Trierer Herren ihrerseits von Feinden umgeben waren, bauten sie die Stadt zur Festung aus: Hillesheim bekam seine riesige Stadtmauer zum Schutz der nur 300 Bürger. 1689 erschienen Soldaten des französischen Königs Ludwig XIV., sprengten die Festung und zündeten die Stadt an. Nur 16 Jahre später lagerten englische Soldaten während ihres Krieges mit Frankreich in Hillesheim und brandschatzten all das, was noch übrig geblieben war.

Ihr Offizier, Lord Marlborough und sein Bruder, Lord Churchill, versuchten, das Schlimmste noch zu verhindern. Sie stellten sich ihren eigenen – ausgehungerten – Soldaten mit dem Degen in der Hand in den Weg.

Trotz so vieler Zerstörungen ist noch ein guter Teil der alten Stadtmauer stehengeblieben. Ursprünglich bestand die Festung aus einem unregelmäßigen Fünfeck mit 12 (!) Wehrtürmen. In den Mauerresten kann man den alten Wehrgang noch begehen. Er führt zum burgundischen Turm an der Westecke und in den „Hexenturm". Der heißt so, weil hierin im Mittelalter als Hexen verteufelte Frauen festgehalten wurden. In den nur sechs Jahren zwischen 1587 und 1593 wurden, so berichtet die Chronik, im von Trier verwalteten Bereich, 2.000 „Hexen" verbrannt. Auf der Rückseite der Stadtmauer, in der Nähe des Schulzentrums ist ein großer, schöner Spielplatz mit vielen, auch außergewöhnlichen Spielgeräten und Kletternetzen. Gut essen kann man im „Teller" (06593-667).

Von Hillesheim zurück in Richtung Walsdorf. Vor dem Ortseingang von Walsdorf geht es rechts ab nach Kerpen.

Auch im Dorf Kerpen ist eine der vielen Ritterburgen der Eifel. Zuerst erwähnt wurde die Burg in alten Urkunden 1173 als „novum castrum de Cherpene". Übersetzt bedeutet dies: „Neue Burg von Kerpen". Etwa 1500 ging die Burg aus der Herrschaft Kerpen an Dietrich IV. von Manderscheid-Schleiden über.

Auch die Kerpener Burg wurde Ende des 17. Jahrhunderts weitgehend zerstört. 1911 kaufte der Maler Fritz von Wille die Burg, und später wohnte der Schriftsteller Alfred Andersch darin. Heute ist in der Burg ein Schullandheim untergebracht. Alle Außenanlagen sind aber zu besichtigen. Wer von der Kirche her zur Burg kommt, passiert Schautafeln des Geo-Pfades, auf denen Einzelheiten zur Geogeschichte der Eifel nachzulesen sind. Falls jetzt Lust auf eine Pause besteht: In Kerpen ist an einem kleinen See eine Freizeitanlage mit Spielplatz und Minigolfplatz.

Von Kerpen entlang des Niedereher Baches bis Niederehe (Marmorsteinbruch, Schautafel des Geo-Pfades). Hinter dem Ort links in Richtung Nohn. Nach ca. 1 km geht es links zur Nohner Mühle. Parken!

300 m nach dem Parkplatz geht es links in einen Weg, der an der Nohner Mühle vorbeiführt. Hinter der Mühle sieht man eine einfache Baumstammbalkenbrücke über den Ahbach, neben der „Brücke" ist eine Furt zu entdecken: Fahrspuren aus Beton führen durch das seichte Bachbett. Diese Brücke aber nicht überqueren, sondern geradeaus weiter, teil-

weise über schmale Pfade bis zum Wasserfall Dreimühlen gehen. Wer mit einem Kinderwagen unterwegs ist, der kann über diese Wege nicht gehen. Ein Stück hinter der Furt geht aber links eine Unterführung ab. Hinter der Unterführung kann man dann rechts auf einem bequemeren Weg über den Bergrücken oberhalb zum Wasserfall gelangen.

Das Wasser fällt über einen merkwürdigen Steinbuckel. Er ist wie ein Rücken geformt und ragt einige Meter nach vorn. Der Wasserfall hat sich erst in den letzten 80 Jahren vorgeschoben und „wächst“ jedes Jahr ein Stück weiter. Und das kommt so: Im Jahre 1912 wurde oberhalb des Ahbachtales eine Eisenbahnlinie gebaut. Beim Bau störten mehrere Quellen, die hier aus dem Kalkboden entsprangen. Deshalb fasste man diese zusammen und leitete sie in einer Rinne zum Rande des Felsens. Von hier aus konnte das Wasser in den Ahbach stürzen. Im Bereich des kalkhaltigen Spritzwassers bildete sich ein Moos (Laubmoos), das Kalk besonders mag. Über dieses Moos spritzte dann wieder kalkhaltiges Wasser. Der Kalk bildete eine Kruste über dem Moos und erstickte es. Das Moos starb ab. Neues Moos bildete sich, wurde wieder überkrustet, starb wieder ab, und alles begann erneut. So „wächst“ das Gestein auch in Zukunft weiter. Schautafeln des Geo-Pfades erklären alles noch einmal ganz genau.

Natürlich ist die Umgebung des Wasserfalles für eine Picknickpause ganz besonders gut geeignet. Kinder können mit den Füßen im Bach herumplantschen, von Stein zu Stein springen ... Links vom Wasserfall führt eine Treppe nach oben. Auch hier können Kinder prima an den vielen Wasserrinnen spielen. 200 m weiter rechts findet man sogar noch Ruinenreste der alten Burg der Herren von Drimollen.

Wer nicht mehr durch den Dreimüllerwald weiterspazieren möchte, kann oberhalb des Ahbachtales, entlang der Bergkante, zur Nohner Mühle zurückgehen (Kinderwagenweg). Der Weg führt den Berg runter durch die Unterführung (ungefähr in Höhe der Furt) zurück auf den Ausgangsweg.

Mineralquelle ▼

Über Niederehe und Stroheich bis Dockweiler und von dort über die B 421 zurück nach Daun.

Eiskeller in Hillesheim

Extras

Der ehemalige Eiskeller liegt im Ortsbereich von Hillesheim und ist ausgeschildert. In der 2. Hälfte des 19. Jahrhunderts wurde in den Bodengrund (Buntsandstein) ein großes Gewölbe geschlagen. In diesem Gewölbe kühlte man Güter, es wurde aber auch als Schutzkeller benutzt. Am Eiskeller befindet sich auch Punkt 1 des Geo-Pfades. Schautafeln erläutern Themen zum Schwerpunkt Vulkanismus und Buntsandstein.

Weitere besonders spannende Stationen des Geo-Pfades als kleine Rundfahrt

Zum Arensberg 8. Station (24 des Geo-Pfades) gelangt man von Hillesheim über Walsdorf in Richtung Zilsdorf. Kurz vor dem Ortseingang nach Zilsdorf geht es links ab zum Arensberg. Am Waldrand parken und halbrechts dem Stichweg zum Steinbruch folgen.

Der Arensberg ist im Tertiär entstanden und gilt als der beeindruckendste Steinbruch der Vulkaneifel. Zum großen Rund des Steinbruchs gelangt man durch einen kleinen Tunnel, der früher von den Lastwagen benutzt wurde. Hoch am Rand des Steinbruchs sieht man, wie das stets rieselnde Gestein schon einige Baumwurzeln freigelegt hat. Steinschlag droht an vielen Stellen und deshalb sollte man nicht so einfach herumklettern. Der Arensberg-Vulkan hat viele verschiedene Gesteine ausgespuckt und so kann man neben riesigen Buntsandsteinblöcken fächerartig angeordnete Basaltsäulen und viele andere Mineralien entdecken. Am auffälligsten sind die vielen Kalksteine. (Info-Tafel)
Vom Arensberg geht es weiter zur Mineralquelle Laubachshof, der am stärksten mineralisierten Quelle im Bereich von Hillesheim. Becher nicht vergessen!

Dazu fährt man vom Arensberg aus durch Zilsdorf in Richtung Oberehe. Rechts vor dem Ortseingang befindet sich die Quelle Laubachshof.
Weiter geht es nach Dreis-Brück und von dort aus über Dockweiler rechts herum nach Betteldorf. Dort nach Zilsdorf abbiegen. Die Sumpfquelle liegt nach etwa 750 m auf der rechten Seite, einen kleinen Stichweg vom Parkplatz entfernt.

Zwischen Oberehe (schöner alter Gutshof!) und Dreis liegt schon die nächste Attraktion: Es könnte einem leicht passieren, dass man an der Sumpfquelle Nasswies einfach vorbeigeht. Dabei lohnt es sich sehr im Sumpfgebiet des Ahbaches einmal bis zum Ende des Holzsteges zu gehen. Dort findet man an zwei Stellen Kohlendioxidaustritte. Zwischen den Grashalmen blubbert es im Sumpfboden! (Info-Tafel) Die letzte Station der kleinen Geo-Rundfahrt befindet sich wieder nahe Zilsdorf. Die Quelle am Altstraßbach ist etwas unheimlich. Sie ist nur wenig mineralisiert, ihr Kohlendioxidgehalt ist dafür umso größer. Dieses Kohlendioxid sammelt sich unmittelbar oberhalb der Austrittsstelle. Atmete ein Lebewesen die intensiven Kohlendioxid-Gase ein, wäre es sofort tot. Daher ist die Austrittsstelle mit einem Gittertor verschlossen. Trotzdem Vorsicht! Bei Führungen demonstriert der Kundige die Wirkung des Gases mittels einer brennenden Kerze. Wird sie in die Nähe der Quelle gehalten, geht die Flamme sofort aus. (Info-Tafel)

▼ Sumpfquelle Nasswies

Tour 17
Wie entstehen Burgen und Heidelandschaften?

Der Ausflug führt zuerst in eine kleine Heidelandschaft. Man sieht dort, wie es vor 200 Jahren in der Eifel aussah. Danach geht es zur Ruine einer alten Ritterburg in Manderscheid.

Von Daun aus durch das Liesertal in Richtung Manderscheid. Etwa 300 m hinter den letzten Häusern des Dorfes Bleckhausen geht es links ab zur Wacholderheide.

Die Heidelandschaften

Vor der Wiederaufforstung durch die Preußen gab es viele solcher Heidelandschaften in der Eifel. Vor über 200 Jahren wurden auf den brach liegenden Flächen Schafe geweidet. Sie begnügten sich mit dem kargen Grasboden. Ihr Fleisch und ihre Milch wurden verwertet und ihre Wolle verkauft. Schafe sicherten manchem Menschen die Existenz, ähnlich wie heute noch in manchen Gegenden Nordenglands, Schottlands und Irlands.

Die Schafe fraßen aber nicht nur das Gras, sondern sie verbissen auch die vielen anderen Pflanzenschösslinge. Bäume hatten keine Chance mehr, in die Höhe zu wachsen. Allein der robuste und stachelige Wacholder konnte sich halten. Da zudem der Boden sandig war, bestanden gute Bedingungen für das Wachstum krautiger Heidepflanzen. So entstanden die Wacholderheiden in der Eifel. Durch diese Wacholderheide führt ein kleiner Pfad. Im Sommer summen die Bienen zwischen Ginster, Wildrosen und Brombeersträuchern umher. Vor allem aber findet ihr hier Wacholderbäume und Heidekrautarten. Wisst ihr, wofür Wacholder verwendet wird? Schaut euch zu Hause in der Küche einmal das Gewürzdöschen mit Wacholder-

„beeren“ an. Eigentlich sind die Beeren keine Beeren, sondern Zapfen, so wie auch andere Nadelbäume Zapfen haben. Nur sehen die Zapfen des Wacholderbaumes beerenartig aus, zuerst grün, später blaugrün, zuletzt dunkelblau und grau bereift. Sie brauchen zum Heranwachsen zwei Jahre. Man verwendet sie zum Würzen von Schnaps (Wacholder, Gin, Genever) oder als Speisewürze, zum Beispiel für Sauerkraut. Das Wacholderholz wird für feine Holzarbeiten verwendet oder zum Räuchern von Fleischwaren und Fischen benutzt. Sehr groß ist die Wacholderheide nicht, und ihr habt sie in einer halben Stunde kreuz und quer durchstreift. Vielleicht bleibt noch etwas Zeit, um am Waldrand auf den dort liegenden Baumstämmen herumzubalancieren oder um aus den langen trockenen Grashalmen, die ringsherum wachsen, etwas zu flechten.

Weiter nach Manderscheid. Durch den Ort hinunter ins Tal nach Niedermanderscheid oder kurz bevor es bergab geht, parken und den Fußweg zur Oberburg nehmen.

Die Manderscheider Burgen liegen auf zwei Felsen schräg übereinander, und man kann sich gut vorstellen, dass Feinde von dem Anblick eingeschüchtert gewesen sein müssen. Obwohl beide Burgen unmittelbar benachbart sind, gehörten sie zu verschiedenen, sich bekämpfenden Fürstentümern. Die Grenze wurde von dem kleinen Flüsschen Lieser gebildet, das zwischen den Burgfelsen entlangfließt. Die Oberburg und die Ortschaft gehörten zu Kurtrier, die größere Niederburg und die kleine Ansiedlung daneben zu Luxemburg. Die Oberburg existierte schon 973 und ist damit eine der ältesten Burgen der Eifel. Damals gehörte sie noch zum Kloster Echternach. Die geistlichen Besitzer brachten in der Niederburg ihre Vögte unter, die die Blutgerichtsbarkeit über das Land übernehmen sollten.

Oberburg

Diese Aufgabenverleihung an die Vögte wurde „Blutbannleihe“ genannt und vom König verliehen. Das Ganze gründete sich darauf, dass die geistlichen Lehnherren weder die Blutgerichtsbarkeit selbst ausüben noch den Vögten den Blutbann leihen durften. Im Mittelalter

▲ Freier Zugang zum Mittelalter in der Oberburg

hieß dies: „ecclesia non sitit sanguinem". Das bedeutet soviel wie: Die Kirche soll sich nicht die Hände mit Blut schmutzig machen. Die Blutgerichtsbarkeit beschäftigte sich im Gegensatz zur Zivilgerichtsbarkeit mit der Ahndung von Straftaten. Der Schwerpunkt der Blutgerichtsbarkeit lag damals in der Vollstreckung der Strafe und nicht in der Findung eines gerechten Urteils. Vögte übten die Blutstrafen aus. Das waren die Strafen an „Hals und Hand". Die unblutigen Züchtigungsstrafen (Strafen an „Haut und Haar") wurden von beamteten Richtern durchgeführt. Der Kirchenvogt war Sachwalter (advocatus) aller nichtkirchlichen Angelegenheiten eines Klosters. Karl der Große schrieb allen Abteien die Einstellung eines Kirchenvogtes vor. Die Vögte nutzten ihre Stellung aber auch zur eigenen Bereicherung aus. Ihre Macht wurde größer und zunehmend bekämpft.

Auch die Vögte von Niedermanderscheid schwangen sich zu Herren auf und wollten die Hoheit der Oberburg nicht mehr anerkennen. Eine Eroberung der Oberburg, die sie gemeinsam mit Luxemburgern versuchten, gelang ihnen 1147 aber nicht. So bauten sie einstweilen nur die Niederburg zu einer Festung und zu ihrem Stammsitz aus. Zwar gelang es Richard von Manderscheid 13 Jahre später, die Oberburg zu erobern; nach einer Belagerung durch den Erzbischof von Trier musste die Burg aber 1160 wieder zurückgegeben werden. Die verfeindeten Parteien lebten weiter auf Steinwurfnähe voneinander entfernt. 1346 begann seinerseits der Erzbischof Balduin von Trier mit der Belagerung der Niederburg. Aber auch er musste nach 2 Jahren, 5 Monaten und 15 Tagen erfolglos aufgeben.

Dietrich II. von Manderscheid baute im 15. Jahrhundert die inzwischen verfallende Unterburg wieder aus. Die Oberburg wurde 1673 von französischen Truppen zerstört. Die Niederburg wurde schon 1618 von Erzherzog Albrecht, dem Statthalter der Spanischen Niederlande erobert und der Burggraf weggeführt. Die Burg verfiel zwar, war aber vor ungefähr 200 Jahren noch bewohnbar. Seit etwa 100 Jahren befindet sich die Burgruine im Besitz des Eifelvereins.

Das Mittelalter: Burgen

In der Niederburg könnt ihr durch ein kleines Labyrinth von Mauerresten bis hoch in die Burg klettern. Ganz gut erkennen lässt sich noch die alte Zisterne, in der das Trinkwasser gesammelt wurde. Wenn ihr euch überlegt, dass die Burg 900 Tage erfolglos belagert wurde, könnt ihr euch vorstellen, wie wichtig das Trinkwasser zum Überleben war. Glücklicherweise regnet es in der Eifel ja viel! Zu der Zisterne führt noch eine originale, in den Fels gehauene Treppe mit begleitender Abflussrinne. Natürlich sind die Stufen schon ganz schön ausgetreten. Links vor der Zisterne wurden Brandspuren eines Backofens entdeckt. Hinter der Zisterne führt heute eine gemauerte Treppe in den Saal des „Palas“, dem Hauptgebäude der Burg. Wehrgänge, Wehrtürme und Tore könnt ihr reichlich sehen.

Weiter über die Landstraße nach Gillenfeld kommt man zum Holzmaar.

Holzmaar und „Dürre Maar“

Das Holzmaar ist ein ganz kleines Maar, das sich in kurzer Zeit umwandern lässt. Auf dem Maar wachsen viele Seerosen, und in der Verlandungszone am Ufer kann man viele seltene Pflanzen entdecken. Vom Parkplatz aus geht ein Waldweg zum nur etwa 500 m entfernten Dürren Maar. Das „Dürre Maar“ ist völlig verlandet und mittlerweile kein Gewässer mehr, sondern ein Hochmoor. Zu erkennen ist aber noch genau der Umriss des ehemaligen Maares. Auch hier kann man einmal herumlaufen.

Kurzentrum und Kurpark Manderscheid

Extras

In Manderscheid gibt es einen netten, kleinen Kurpark mit einem Kleinkinderspielplatz und Minigolf. Für Größere ist etwas erhöht, unterhalb der Häuser, ein Riesenschachspiel zu finden. Im Kurzentrum befindet sich die Touristen-Information. Seit jüngster Zeit führt die Kurverwaltung in den Ferien Programme für Kinder mit Schatzsuchen, Rallyes und vielem anderen durch. Gut essen kann man in der „Alte Molkerei“ neben dem Kurhaus.

Maarmuseum

In der denkmalgeschützten ehemaligen Turn- und Festhalle ist in Manderscheid das Maarmuseum entstanden. Alte Geschichte der Eifelmaare unter Einbeziehung der geologischen, biologischen und sozialgeschichtlichen Aspekte. Zu sehen gibt es Dioramen, Fossilien, und viele Modelle, die man zum Teil in Betrieb setzen darf. Ergänzt wird das Angebot durch vielfältige museumspädagogische Aktivitäten im und außer Haus.

Tour 18

Was machen ein Korallenriff und die Dolomiten in Gerolstein?

Die Wanderung führt über ein Korallenriff. Man kann eine Steinzeithöhle besuchen, einen Krater, einen Lavastrom und einen römischen Friedhof sehen. Als Extra gibt es unter anderem eine Kirche voller Mosaiken.

Von Daun aus über die B 421 nach Gerolstein.

▲ Brunnen im Kurpark

Geradeaus entlang der Kyll geht es in den Kurpark. Hier gibt es kostenlose Trinkproben aus dem Gerolsteiner Sauerbrunnen. Im Park befindet sich ein Spielplatz. Die Fußgängerzone liegt gleich nebenan.

Zum Ausgangspunkt der Wanderung muss man die Kyll überqueren. Die Straße führt hinter der Brücke rechts und links weiter. Geradeaus der Wanderwegkennzeichnung „Munterley" folgen. Beim Anstieg ist einiges an Höhenunterschied zu überwinden. Etwas abkürzen lässt sich dies, wenn man mit dem Auto über die Brücke fährt, dann nach links und schließlich nach rechts in die Straße nach Hillesheim abbiegt. Die zweite Querstraße wiederum nach rechts einbiegen. Nach 100 m links gegenüber vom Forsthaus parken. Noch ein paar Meter dem Straßenverlauf folgen, dann links in den Wald hinein der Beschilderung „Munterley" folgen. Von der Munterley aus hat man einen großartigen Blick über Gerolstein. Unter Bäumen kann man noch die Ruinen der alten Burg Gerolsteins erkennen, der Löwenburg.

Urzeit und Steinzeit

Die Munterley (481 m über NN) ist die Oberkante eines echten Korallenriffs. Ihr habt doch schon bestimmt schon einmal Fotos von Koralleninseln in der Südsee gesehen? Genauso sah es hier in der Devonzeit aus, also vor 350–400 Millionen Jahren. Das Riff, auf dem ihr jetzt steht, besteht aus mehreren Schichten. Die Geologen (Geologie ist die Wissenschaft von der Geschichte und dem Aufbau der Erde) wissen, dass diese Schichten genauso aufgebaut sind wie heutige Korallenriffe. Von der Munterley aus habt ihr einen großartigen Blick über die Gerolsteiner Mulde. Dort, wo heute ein Bussard nach einer Maus jagt, schwammen in der Devonzeit tropische Mee-

Fossilie

restiere in der Strömung. Seit 150 Jahren kommen Fossiliensucher in die Gerolsteiner Mulde, um nach Versteinerungen zu suchen. Im Riff selbst sind leider keine mehr zu finden. Im Laufe der vielen Millionen Jahre wurden sie vom Regen aus dem Gestein herausgewaschen. In den Tälern findet man auch kaum Versteinerungen, da der Boden im Laufe der Zeit zugeschwemmt wurde. Am besten sind die Funde auf halber Höhe, auf Hügeln, Kanten und Stufen. So um das Jahr 1900 war es besonders modern, auf Fossiliensuche zu gehen. Im Herbst mieteten sich die Leute in Gerolstein ein, um nach dem Pflügen der Äcker auf die Suche zu gehen. Der Regen wusch aus dem frisch gepflügten Boden die Steine heraus. Heute gibt es in der Eifel nicht mehr viele Äcker. Sammler müssen hinter den Baggern hergehen, die auf den Baustellen die Erde ausschachten! Vielleicht versucht ihr ja auch einmal euer Glück oder schaut euch zumindest im Museum einmal Versteinerungen an.

Von der Munterley geht es weiter zum Buchenloch. Der Weg ist gekennzeichnet als Wanderweg 1 (zusammen mit Kennzeichnungen HWW 4 und V = Vulkanweg 13). Leicht ansteigend, aber bequem führt der Weg über die Hochfläche bis zu einer Einmündung. Links geht es – entsprechend der Ausschilderung – zum Buchenloch. Der Weg führt, über Treppen abfallend, um das Plateau herum. Wer mit Kinderwagen unterwegs ist oder insgesamt den Weg abkürzen möchte, kann hierher zurückkehren, das „Buchenloch“ ist nur ein kleines Stück entfernt. Bald liegt es, zugänglich über eine Art Leiter, rechts vom Weg. Das „Buchenloch“ ist eine ziemlich große und geräumige Höhle, die sich in ihrer ganzen Länge nur mit einer Taschenlampe erkunden lässt. Sie ist im Laufe der Jahrtausende durch Auswaschungen aus dem Gestein entstanden. Nachweislich war sie einer der ersten Aufenthalte des prähistorischen Steinzeitmenschens westlich des Rheines.

Korallenriff „Dolomiten“

STEINZEITMENSCHEN

Habt ihr schon einmal einen Fred-Feuerstein-Film gesehen? Die wirklichen Fred Feuersteins haben in Höhlen wie dem Buchenloch gelebt. Dass hier Steinzeitmenschen gewohnt haben, fiel erst vor ungefähr 100 Jahren einem Maler mit Namen Eugen Bracht auf. Er entdeckte am Fuß des Felsens einen Feuerstein. Diese Feuersteine waren für die Steinzeitmenschen lebenswichtig. Feuersteine lassen sich nämlich gut bearbeiten, und so wurden aus ihnen Klingen für messerscharfe Speere, Messer und Beile hergestellt. Nach dem Fund des Steines begannen die Forscher nach weiteren Spuren zu suchen. Sie legten die insgesamt 36 m tiefe Höhle vollständig frei und fanden Spuren von Menschen aus der Familie der später ausgestorbenen Neandertaler, die vor ungefähr 30.000 Jahren lebten. Damals waren viele der Vulkane in der Nähe noch nicht ausgebrochen. Dafür war es ziemlich kalt, denn überall im Norden war die Erde mit Eis bedeckt. In der Höhle fand man Spuren von Lagerfeuern. Vor allem aber entdeckte man Knochen: Mammut-, Eisfuchs- und Bärenknochen. Die echten Fred Feuersteine mussten sich also mit ihren Feuersteinspeeren gegen ganz schön große Tiere verteidigen!

Der Weg geht weiter um das Plateau herum zur Papenkaule. Wer abkürzen möchte, kommt dort auch hin, wenn statt links zum Buchenloch nach rechts in den anderen Waldweg (aus Richtung Munterley gesehen) abgebogen wird (s. o.). Schon kurz nach dem Buchenloch ändert sich das Gestein. Nicht mehr der Kalkstein des Riffes ist vorherrschend, vielmehr geht man jetzt über ehemalige Lavaströme. Mitten auf der Hochfläche des Munterleymassivs taucht dann das große Trichterrund der Papenkaule (523 m über NN) auf. Die Forscher schätzen, dass hier erst vor ca. 10.000 Jahren ein Vulkanausbruch stattgefunden hat. Der Vulkanausbruch hinterließ einen Krater mit ovalem, geschlossenen Rand. Im Winter fahren hier die Kinder mit dem Schlitten herunter. Die aufsteigende Lava stieß damals nicht in den Krater vor, da sie durch das brüchige Kalkgestein auf halber Höhe hindurchkonnte. Der Hauptstrom floss nördlich, unterhalb des Kraters hinaus und ergoss sich ins Tal bis zur Kyll. Dort erstarrte er zu Basalt. Die Erlöserkirche im Tal steht auf diesem Basaltriegel. Neben der Papenkaule ist eine Schautafel aufgestellt, auf der die Entstehung des 20 m tiefen Kraters erklärt wird. Hier befinden sich auch eine Schutzhütte und eine große Freifläche zum Picknicken.

▼ Erlöserkirche

Halblinks von der Papenkaule führt der Weg in Spitzkehren den Berg hinunter über die Straße „An den Dolomiten“ in das Tal nach Gerolstein zurück. Bald stößt man auf die Straße, an der der Wanderparkplatz liegt. Wer möchte, kann die Wanderung noch zum „Juddekirchhof“ – ausgeschildert – ausdehnen. Der Juddekirchhof ist nicht etwa ein ehemaliger jüdischer Friedhof. Das Wort „Judde“ leitet sich von „Jod“ – Pate ab. Hier befand sich ein keltisch-römischer Tempelbezirk. Viele der dort gefundenen Stücke finden sich im Altertumsmuseum „Villa Sarabodis“. Einige alte Grundmauern heidnischer Tempel, z. B. der keltischen Göttin Caiva wurden bereits freigelegt und gesichert. Lange Zeit erfolgten hier keine systematischen Ausgrabungen, und so gab es hier viele Schatzsucher, die die Anlage durchwühlten.

Der Wanderweg 2 führt in das Tal und am Krankenhaus vorbei zur Straße mit dem Ausgangspunkt zurück.

Erlöserkirche und Villa Sarabodis

Extras

Die Erlöserkirche liegt auf dem rechten Kyllufer und ist von der Brücke aus schon zu sehen. Sie hat eine interessante Baugeschichte: Es fing alles damit an, dass die Eifel 1815 mit Bildung der Rheinprovinz Teil des preußischen Staates wurde. Evangelische Beamte kamen mit ihren Familien nach „Preußisch Sibirien“, wie die Eifel in Preußen wegen des feuchtkalten Wetters genannt wurde. Die evangelischen Neubürger wollten gern eine eigene Kirche haben. 1893 bekam die evangelische Gemeinde ein Pfarrhaus und einen Betsaal. Für eine richtige Kirche hatten die nur 60 Leute kein Geld. Da bot der Berliner Kirchenbauverein seine Hilfe an: Er hatte geplant, 100 Kirchenbauten zu finanzieren, 99 waren schon gebaut worden. Der Verein stand unter dem Schutz der Kaiserin des Deutschen Reiches, Auguste Viktoria. Freiherr Ernst von Mirbach, Oberhofmeister der Königin und Mitglied in dem eben genannten Bauverein, setzte sich für Gerolstein ein und schaffte es, dass die 100. Kirche gerade in Gerolstein gebaut werden sollte. 50 Millionen Mark standen für den Bau zur Verfügung! Eine andere, viel berühmtere Kirche aus der Reihe dieser 100 ist übrigens die bekannte Kaiser-Wilhelm-Gedächtnis-Kirche in Berlin am Kurfürstendamm.

Die Erlöserkirche

Versetzt euch für die Besichtigung der Kirche einmal in die Rolle eines Kirchenbaumeisters (Architekt, Maurermeister). Zwar war es vor 100 Jahren schon einfacher als im Mittelalter, eine Kirche zu bauen. Doch die vielen Baumaschinen, die heute alles vereinfachen, gab es vor 100 Jahren noch nicht. Trotzdem wurde die Kirche in nur 2 1/2

▲ Das „Tapeten-Mosaik“

Jahren erbaut! In dieser Zeit war auch die prächtige Innenausstattung fertiggestellt worden. Schaut sie euch einmal näher an.

Ihr seht, dass alle Wände mit kleinen Mosaiksteinchen ausgekleidet sind. Könnt ihr euch die Zahl vorstellen? Es sind 25.000.000 Steinchen in über 1.000 verschiedenen Farben. Allein für das Christus-Bild hinter dem Altar wurden 65 verschiedene Brauntöne benötigt. Euer Wasserfarbkasten hat höchstens drei verschiedene Töpfchen mit brauner Farbe. Dieser Christus schaut euch immer an. Egal, wo man sich in der Kirche befindet, hat man das Gefühl, er schaue genau in diese Richtung. Probiert es einmal aus. In den Mosaiksteinchen ist wirklich Gold (24 Karat). Diese Steine bestehen nämlich aus Glas mit dicker Blattgoldauflage und Glasüberzug. Übrigens wurden die Steinchen nicht erst in der Kirche aufgeklebt. Das hätte nun wirklich endlos gedauert. Die Werkstatt befand sich vielmehr in Berlin, 700 km entfernt. Dort wurden die Steine entsprechend dem vorgezeichneten Bild auf Papierstücke aufgeklebt. Diese Matten wurden dann mit dem Zug nach Gerolstein transportiert. Wie beim Tapezieren wurden die Matten, mit den Steinchen zuerst, auf die Wände geklebt, dann das Papier abgelöst und die Ritzen verfugt.

Nun schaut einmal nach oben: Unter dem Deckengewölbe sind runde Mosaikbilder, Porträts. Die Gottesdienstbesucher schauen von ihrer Seite aus auf Bildnisse Deutscher Kaiser. Der Pfarrer sieht von seiner Seite auf Bilder von den Heiligen Bonifatius und Willibrord, die das Christentum in das Abendland brachten sowie der Gründer der evangelischen Kirche: Martin Luther und Melanchton. Außerdem seht ihr den großen Leuchter, der wirklich ein „Kronleuchter“ ist: So sah die Krone des damaligen Kaisers Wilhelm II. aus. Die Glühbirnen entsprechen in Lage und Zahl den Edelsteinen der Krone. Als die Kirche 1913 fertiggestellt wurde, war sie das einzige Gebäude in Gerolstein mit elektrischem Licht. Die Elektrizität kam von einer Mühle in der Nähe von Pelm. Gerolstein selbst wurde erst 10 Jahre danach elektriziert. Die Lampe lässt sich mit einem Flaschenzug herunterziehen. Zum Putzen braucht der Küster aber trotzdem eine Haushaltsleiter. Der Kaiser kam am 15. Oktober 1913 zur feierlichen Einweihung der Kirche in die Eifel. Sein Gefolge fuhr in 10 weißen, offenen Daimler-Limousinen und wurde vermutlich nassgeregnet, denn der Kaiser sagt:

„Die Eifel:
Zum Jagen: Hervorragend!
Für Manöver: Erstklassig!
Zum Wohnen: Unmöglich!“

Neben der Kirche liegt das „Römisch-Germanische-Altertumsmuseum ‚Villa Sarabodis‘“. Dieses Museum wurde für den Besuch des Kaisers erbaut. Es sind noch die Original-Vitrinen aus jener Zeit zu sehen. Im Keller sind Mineralien und Fossilien ausgestellt, und zwar solche, wie man sie selbst finden kann, also nicht etwa nur besonders wissenschaftlich wertvolle Einzelstücke. Besondere Sammlerexemplare sind besser im Naturkundemuseum von Gerolstein zu finden. Im Hauptraum des Museums befinden sich Fundstücke aus römischer und fränkischer Zeit. Interessant ist das Modell des Badetraktes der Villa Sarabodis, an dem man das Funktionieren der römischen Fußboden- und Wandheizung nachvollziehen kann.

▼ Gruselige Fundsachen

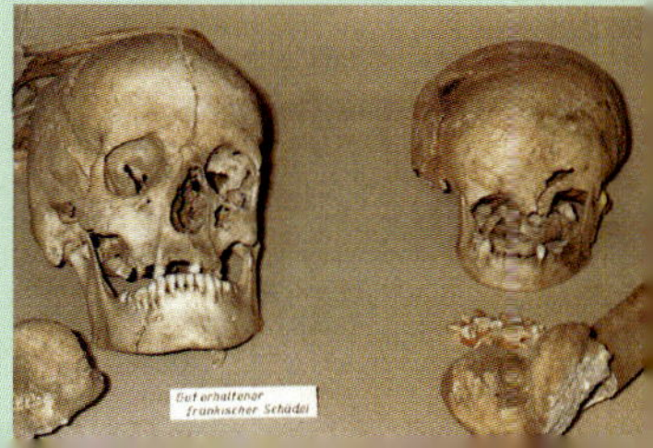

Achtet bei den römischen Fundsachen einmal auf die Austernschalen und den Pfirsichkern! Beides gab es in der Eifel natürlich nicht. Da die Römer aber auch hier fein speisen wollten, ließen sie derartige Lebensmittel aus Gallien mit Pferdewagen herbeischaffen. Die Güter wurden mit Eisblöcken gekühlt. Interessant ist auch das Fundstück Nr. 14: ein echt römisches Babysaugfläschchen!

Im gleichen Raum sind auch gruselige Sachen ausgestellt: ein komplettes Skelett sowie Schädel und Knochen von Römern und Franken. Das vollständig erhaltene Skelett des Franken zeigt, dass er die Basketballspielergröße von 2,15 m hatte. Den nur 1,50–1,60 m großen Römern muss dieser Franke wie ein Riese vorgekommen sein. Allerdings hatte dem Franken und seinen 27 Leidensgenossen ihre Größe nicht zum Sieg verhelfen können: Alle 28 Frankenskelette wurden mit Verletzungsspuren im Oberarm und Schädel aufgefunden. Die Forscher vermuten, dass sie hingerichtet wurden. Vielleicht wurden sie zunächst durch einen Schlag auf den Arm kampfunfähig gemacht und dann durch einen Hieb auf den Schädel getötet. Man hat die Skelette im Museumsgelände ausgegraben. Eine Theorie besagt, dass die Franken den Römern vielleicht die Villa hatten abnehmen wollen. Aus der Lage, in der die Franken bestattet worden waren, leitet man übrigens die Vermutung ab, dass sie schon Christen waren. Die Reste der Villa Sarabodis sind neben dem Museum zu besichtigen.

Extras

Gerolsteiner Sprudel

Die Gerolsteiner Sprudelfabrik ist die größte in der ganzen Eifel. Natürlich kann sie besichtigt werden. Die Sprudelfabrik besteht aus dem alten Werk 1 im Ortskern und dem 1991 fertiggestellten neuen Werk 2 im Gewerbegebiet Bewingen. Da die Quellen im Ortsbereich liegen, fließt der Sprudel durch Pipelines zum neuen Werk. Hier finden auch die Besichtigungen statt. Die Abfüllanlage ist die modernste Europas. Sie ist von einem Balkon des Besucherzentrums aus anzuschauen. Aus der Vogelperspektive erschließt sich der gesamte Ablauf – vom Spülen der gebrauchten Flaschen bis zum Etikettieren – auf einen Blick. Zum Besuchsprogramm gehören auch eine Filmvorführung und ein Probeausschank der gesamten Produktpalette. 1994 zählte die Gerolsteiner Brunnen GmbH & Co. allein in Gerolstein 911 Millionen Füllungen, das sind 6,2 Millionen hl Brunnengetränke.

Naturkundliches Museum Gerolstein

Im Naturkundemuseum finden sich Exponate zu den Themenkreisen „Geologie/Mineralogie“, „Paläontologie“, und „Kultur-/Wirtschaftsgeschichte“. Die Präsentation ist alles andere als langweilig. Es gibt Fühlkisten, Mikroskope, Schiebetafeln, interaktive Bilderwände und Computer mit Quiz und Ökologiespielen. Waldlehrpfad im Stadtwald Gerolstein:Eine Wanderlänge, bei der auch Kinder sicher nicht fußlahm werden, hat der Waldlehrpfad: Er ist 4 km lang. Start ist an der Straße „Fuchsbau“, dort ist auch ein Wanderparkplatz eingerichtet.

Der Wald

Auf dem Waldlehrpfad könnt ihr alle einheimischen Baum- und Straucharten kennen lernen. Außerdem wird erzählt, wie der Wald für den Menschen nutzbar ist. Natürlich haben die Menschen mit dem Holz des Waldes immer schon Geld verdienen müssen, besonders in der armen Eifel. Als Beispiele hierfür sind die Nutzung einer Wacholderheide, eines ehemaligen Eichenniederwaldes und eines Kohlenmeilers zu sehen. Der Eichenniederwald wurde übrigens nicht, wie ihr vielleicht denkt, für den Möbelbau genutzt. Vielmehr schälten die Menschen den Eichen die Rinde ab, um hieraus einen Sud zum Gerben zu kochen, die Lohe. Mit der gewonnenen Flüssigkeit wurden Tierfelle haltbar gemacht und für die Verwendung als Leder vorbereitet. Heute braucht man dazu keine Eichenrinde mehr, es gibt Chemikalien aus der Fabrik.

Was es sonst noch gibt

Rund um Daun

Wildpark Daun

Pützborn liegt im Tal, etwa 2 km von der Stadtmitte Dauns entfernt. Durch den Wildpark darf man nur mit dem Auto oder Bus fahren. Die 12 km lange Fahrtstrecke geht über kleine Wege durch große Wildgehege.

▲ Affenschlucht im Waldpark Daun

Die einheimischen Tiere

In den letzten Jahren hat man neue Gehege und Attraktionen gebaut, und nun heißt der Park auch nicht mehr Hirsch- und Saupark. Neu hinzugekommen sind die Affenschlucht, ein Nandu-Gehege, Emus und Lamas, eine Falknerei, ein Ameisenhaus, ein Sessellift und Spielplatzattraktionen.

Überall darf man anhalten und die Tiere mit dem in Automaten angebotenen Wildfutter füttern. Verlassen darf man das Auto nur an einer der sechs Aussichtstribünen. Ihr haltet euch sicher an die Regeln. Wahrscheinlich fallen euch aber Leute auf, die sich nicht daran halten und sich mit dem Fotoapparat „bewaffnet" immer näher an das Wild heranpirschen. Abgesehen davon, dass das Wild unnötig gestört wird, ist das auch gefährlich. Eine Bache, die ihre Frischlinge verteidigt, kann ganz schön ungemütlich werden! Nacheinander geht die Wegstrecke durch die Gehege von Yaks, Dam-, Sika-, Dybowskihirschen und Rotwild sowie Wildschweinen. Yaks stammen übrigens nicht aus der Eifel, die sind heimisch im Gebirge des Himalaya, also in Nordindien, Tibet und Nepal. Dort werden sie als Reit- und Lasttiere benutzt. Ihre Milch wird zu Butter verarbeitet und ihr Fett für Lampen verwendet. Ein anderer Name für das zur Rinderfamilie gehörende Yak ist „Grunzochse". Von den Hirscharten sind nur der Rothirsch und das Reh einheimisch. Wisst ihr übrigens, wie die einzelnen Mitglieder der Familie von Rothirsch, Reh und Wildschwein genannt werden?

Die Tiere im Park sind an Autos gewöhnt, und sie haben gelernt, dass sie von den Menschen darin gefüttert werden. Daher kommen sie bis an das Autofenster. Die Wildschweine hinterlassen zuweilen mit ihren schlammigen Rüsseln merkwürdige Abdrücke an der Autotür. Im Frühsommer kann man Frischlinge sehen, und im Herbst lohnt es sich, der Hirschbrunft zuzuhören.

▲
Ganz nah kommt das Wild an das Auto heran

Der Eingangsbereich des Parkes wurde neugestaltet. In einem „Natureum“ werden Informationen über die Ökologie des Waldes angeboten. Die Ausstellung wirkt zuweilen etwas bemüht. Vieles macht aber Spaß und lohnt einen Besuch, so z. B. das Riesen-Wald-Memory! Neben dem Lernbereich befinden sich noch das Restaurant „Waldhaus“ und der inzwischen ausgebaute Spielplatz. Ein großes hölzernes Piratenschiff ist dort die Attraktion. Angrenzend ist das kleine Streicheltiergehege mit Hängebauchschweinen und Kaninchen. Ebenfalls neu ist der 500 m lange Naturerlebnispfad innerhalb des Parks, in dem einheimische Bäume und Gehölze erkundet werden können. Auch entlang der Autowanderstrecke wurden Fragetafeln für Kinder aufgestellt.

Sommerrodelbahn Daun

Die Sommerrodelbahn liegt direkt neben dem Hirsch- und Saupark Daun. Die Rodelbahn könnte attraktives Ziel eines Spaziergangs sein. Von Daun aus kommt man über den Wanderweg 7 zum Ziel. Zunächst geht es zur Rosenbergstraße. Hinter dem Verkehrsgarten rechts abbiegen. Nach 100 m geht es zusammen mit dem Hauptwanderweg (HWW) abwärts zum Pützborner Bach und nach rechts in das Dorf Pützborn hinein. Dort nicht die B 257 überqueren, sondern den Wanderweg 7 verlassen und hier den Wanderweg 6 weitergehen, der den Berg hoch direkt zur Sommerrodelbahn führt.

Adler- und Wolfspark Kasselburg

Die Kasselburg ist eine alte Stauffenburgruine. Sie hat einen 37 m hohen Doppelturm. In der Ruine sind die Volieren der Greifvögel untergebracht. Hier kann man aus nächster Nähe Bussard, Rotmilan, Eulen, Falken und den großen Steinadler (das deutsche Wappentier) betrachten. Den Turm kann man übrigens besteigen.

Die beste Zeit für einen Besuch des Adler- und Wolfparkes ist der frühe Nachmittag. Wer so gegen 14.00 Uhr ankommt, hat Zeit genug, die Vögel anzuschauen und sich dann in Ruhe auf den Weg zum Wolfsfreigehege zu machen. Dabei führt der Weg noch an Gehegen einheimischer Raubtiere vorbei. Dachs, Fuchs, Wildkatzen und Marderarten leben in der Eifel noch frei. Um 15.00 Uhr ist die Wolfsfütterung. Der Tierwärter betritt mit einer Schubkarre voller Fleischbrocken das Gehege. Er ruft die Wölfe herbei, die relativ frei in einem Rudel leben. Das Fleisch wird auf dem Boden verteilt, und der Wärter zieht sich ein bisschen zurück. Nicht weil er Angst hätte, sondern weil die Wölfe sich sonst nicht nähern würden. Dabei erzählt er viel über das Leben und Verhalten von Wölfen. Um 15.30 Uhr ist an der großen Wiese eine Flugvorführung mit Adlern, Falken und Rollertauben. Man kann sehen, wie Falken zur Jagd abgerichtet werden. Außerdem gibt es im Park noch Wildschweine, Wildpferde und Ziegen. Im Eingangsbereich sind ein Imbissrestaurant und ein kleiner Spielplatz.

Schneidemühle bei Meisburg

Die Lohsalm speist mit ihrem Wasser einen 350 m langen Staugraben. Dessen Wasserkraft treibt das Mühlrad an. Das große Wasserrad hat einen Durchmesser von 6,70 m. In der Mühle führt die Witwe des letzten Müllers durch die Räume. Sie ist zu Recht stolz auf die Werkstatt, die eben eigentlich kein Museum ist, da jederzeit wieder gesägt werden könnte. Bei der Besichtigung lässt sich erkennen, wie durch die verschiedenen Kurbelwellen und Transformationsriemen die riesigen Sägeblätter bewegt werden. Man kann die gesamte Antriebstechnik einsehen und bekommt dadurch einen guten Einblick in die Gesetze der Mechanik. Hier funktioniert alles ohne Motor, ganz mit natürlicher Energie.

Die Geschichte der Mühle lässt sich bis ins Mittelalter zurückverfolgen. Grundherrin von Meisburg war seit 1229 die jeweilige Äbtissin des Klosters von St. Thomas an der Kyll. Die Äbtissin und ihr Kloster beeinflussten das Leben in Meisburg sehr stark, denn das Dorf musste zum Lebensunterhalt des Klosters beitragen. 1522 vermachten die Edelleute Heinrich und Else von Meisburg dem Kloster ihre unterhalb des Dorfes gelegene Mühle. Die Äbtissin Margarethe verpachtete die Mühle 70 Jahre später „für ein gutes Mühlenschwein“ oder „5 Gulden und 100 Eier“, „Liefertermin Weihnachten“, an die Eheleute Theis und Luzia Hoffmann. Seit ungefähr 70 Jahren befindet sich die Mühle in Familienbesitz. Bis 1968 wurde sie gewerblich betrieben.

▲ Sommerrodelbahn in Daun

Glockengiesserei Mark in Brockscheid

In Brockscheid liegt die Glockengießerei unübersehbar mitten im Dorf.

Wie man Glocken giesst

Eure Großeltern mussten noch das berühmte Gedicht des deutschen Dichters Friedrich Schiller von der Glocke lernen. So fängt es an:

„Festgemauert in der Erden,
Steht die Form, aus Lehm gebrannt.
Heute muß die Glocke werden,
Frisch, Gesellen, seid zur Hand.
Von der Stirne heiß,
Rinnen muß der Schweiß,
Soll das Werk den Meister loben,
Doch der Segen kommt von oben."

Wenn ihr nun nicht versteht, was eine Bronzeglocke mit einer „Form aus Lehm" zu tun hat, dann müsst ihr eine Führung durch die Glockengießerei mitmachen! Die Eifeler Glockengießerei wurde 1840 von August Mark gegründet und gehört heute seinem Urenkel. Jetzt lernt dessen Tochter das Handwerk. Denn die Geheimnisse des Handwerks dürfen nur von Besitzer zu Nachfolger weitergegeben werden.

In einem Raum neben der Gießerei erzählt euch zunächst ein Mitarbeiter etwas Allgemeines zum Glockengießerhandwerk. Danach geht es in die große Arbeitshalle. Je nachdem, in welchem Stadium sich die Herstellung der Glocken bei eurem Besuch gerade befindet, könnt ihr einen der verschiedenen Arbeitsgänge sehen. Gegossen wird etwa alle drei Monate. Hierfür wird, wie in Schillers Gedicht, der Segen „von oben" erbeten. Häufig steht eine Gruppe von Mitgliedern der Kirchengemeinden, die Glocken bestellt haben, dabei, um zu sehen, wie „ihre" Glocke gegossen wird.

Eine Glocke entsteht in einer Vielzahl von Arbeitsgängen: Zuerst wird der Glockenkern gemauert. Die Form dieses Kernes richtet sich nach der „Rippe". Das ist eine vom Glockengießer genau berechnete Holzschablone. Die „Rippe" bestimmt über den späteren Ton der Glocke. Ihre Form wird nach der Schwingungszahl des Tones und dem Durchmesser der späteren Glocke berechnet. Die Berechnung ist das „Geheimrezept" des Glockengießers. Auf den Kern wird dann eine Spezialmischung aus Pferdemist, Lehm und Gerstengrannen aufgebracht, bis die Schablone haargenau ausgefüllt ist. Auf diesen Kern kommt jetzt die „falsche Glocke". Dafür wird die

Schablone weiter ausgeschnitten und der neue Zwischenraum wieder mit Lehm gefüllt. Auf diese falsche Glocke kommt dann eine Wachsschicht, auf die Wachsbuchstaben und Zahlen aufgesetzt werden können. Nun ist die Form ein genaues Abbild der späteren Glocke. Der dritte Formteil, der jetzt aufgetragen wird, wird Mantel genannt. Hierfür werden wieder verschiedene Lehmschichten aufgetragen. Dann werden alle Glocken in der Grube mit Erde bedeckt, nur kleine Verbindungskanäle bleiben bestehen. Schließlich werden die durch den Wachs entstandenen Hohlräume mit Bronze ausgegossen. Hierfür wird das Metall in einem 1.100° C heißen Ofen verflüssigt. Die Bronze fließt durch die offenen Rinnen in die Formen. Bei Schiller heißt es hierzu:

„Wohl! Nun kann der Guß beginnen,
Schön gezacket ist der Bruch.
Doch, bevor wir lassen rinnen,
Betet einen frommen Spruch!
Stößt den Zapfen aus!
Gott bewahr das Haus.
Rauchend in des Henkels Bogen
Schießts mit feuerbraunen Wogen.“

Der Gießer braucht hierbei wirklich Glück. Gelingt der Guss nicht, weil die Bronze nicht die richtigen Eigenschaften hat, ist die Arbeit von drei Monaten vergebens!

Bei der Führung lernt ihr noch den Unterschied zwischen dem Klang einer echten Bronzeglocke und einer billigen Stahlglocke kennen. Außerdem könnt ihr hören, dass eine Glocke, wird sie an verschiedenen Stellen angeschlagen, ganz unterschiedlich klingt. Übrigens: Falls ihr in der Sendung mit der Maus die Sachgeschichten über die Glockenherstellung gesehen habt: Die sind hier gedreht worden. Es gibt nämlich nur noch ganz wenige Glockengießereien in Deutschland. Die Führung dauert 30 Minuten. Zur Gießerei gehören ein kleines Café sowie ein Supermarkt, in dem man auch kleine Glocken, Postkarten und ein Informationsheft kaufen kann.

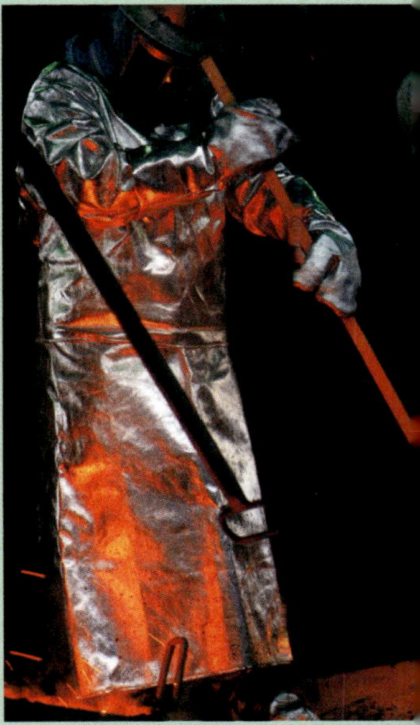

▲ Eine beeindruckende Vorführung in der Glockengießerei

Schulmuseum in Immerath

Das Schul- und Backhaus war eines der ersten Schulgebäude im Kreise Daun. Es wurde um die Zeit von 1670–1770 errichtet und bis 1910 noch als Schule und Lehrerwohnung genutzt. Im Erdgeschoss befindet sich ein noch heute zuweilen genutzter doppelter Gemeindebackofen zum Brotbacken. Die Klassen sind mit altem Inventar eingerichtet. Führungen erzählen von der Schulgeschichte der letzten Jahrhunderte. Schulklassen können hier sogar unterrichten – ganz so wie früher. Begleitmaterial wird zur Verfügung gestellt.

Urpferdchen im Eckfelder Maar

In Eckfeld befindet sich die wichtigste Fossillagerstätte der Eifel. In der „Frankfurter Allgemeinen“ beschreibt Eckhart Kauntz das, was sich hier vor 45 Millionen Jahren abgespielt hat so:
„Am Ufer eines ... Sees weiden Pferde, die Berghänge sind mit Palmen und Blütenpflanzen, Weinreben und Buchen bewachsen, zwischen denen Käfer und Honigbienen summen. Im Wasser lauern Krokodile – ihnen fällt wohl gelegentlich auch ein affenähnliches Lebewesen zum Opfer, das seinen Lebensraum in den Baumkronen verlassen hat, um vom Wasser des Sees zu trinken.“ (FAZ vom 8.2.95).

Heute versuchen Wissenschaftler, die Überreste der damaligen Lebewesen aufzuspüren. Man hat bereits 17 verschiedene Säugetierarten, darunter ein inzwischen berühmt gewordenes Ur-Pferdchen gefunden, eine Stute, die mitsamt ihrem Fötus versteinerte! Allein 500 verschiedene Blütenexemplare wurden von den Paläontologen ausgegraben. Zum inzwischen ausgetrockneten Maar kommt man, wenn man in Eckfeld (nahe Strohn) den Hang zum Sportplatz hinauf, am Sonnenhof vorbei noch 20 Minuten in den Wald und dann hinunter in das Tal des Pellenbaches (links halten) spaziert. Im Dorf befindet sich ein Schaukasten mit Wanderkarte (am Stausee).

Lavabombe bei Strohn

„Bomben“ nennt man die großen Basaltblöcke, die bei einem Vulkanausbruch neben Staub und Asche aus der Tiefe in die Luft geschleudert wurden. In Strohn steht eine solche, mindestens 120 t schwere, riesige Bombe. Sie ist aus blasenreichem Olivin-Basalt. Ihr Durchmesser beträgt 6 m!

Sauerbrunnen bei Niederstadtfeld

Die Quelle liegt unmittelbar hinter dem Ortsausgang von Niederstadtfeld auf der rechten Seite der Straße nach Schutz. Der Sauerbrunnen ist eingefasst, man kann aus ihm trinken oder mitgebrachte Flaschen vollfüllen. (Info-Tafel!)

Ulmener Maar und Ulmener Jungferweiher

Das Ulmener Maar ist bekannt wegen seiner klassischen Ringform mit Wallrand. Es gibt dort einen Bootsverleih.

Der Jungferweiher ist einer von ursprünglich 18 mittelalterlichen Fischweihern. Nach der Legende hatte ein Ritter seine widerspenstige Tochter in einem Turm mitten im See eingesperrt, um sie von ihrem Liebhaber zu trennen. Heute ist der Weiher ein berühmtes Feuchtbiotop mit vielen seltenen Pflanzen und Tieren, vor allem Wasservögeln. Im Winter trifft man sich hier zum Schlittschuhlaufen.

Gemündener Maar

Ein kleines, hochgelegenes Maar, eingeschlossen von steilen, laubwaldumstandenen Hängen. Bis auf eine stärkere Steigung, ist es einfach zu umwandern und generell Kinderwagen geeignet. Freibad!

Pulvermaar bei Gillenfeld

Der tiefste natürliche See Mittel- und Norddeutschlands mit 75 m Tiefe, von Laubwald umstanden. Bade- und Bootsbetrieb (Verleih).

Meerfelder Maar und Mosenberg-Vulkan bei Bettenfeld

Ein Spaziergang um das Meerfelder Maar ist auch schon für kleinere Kinder zu schaffen. Ursprünglich war das Maar so groß wie der ganze Talkessel. Am Maar gibt es eine Drachenflugschule.

Am benachbarten Mosenberg befindet sich der Kratersee „Windsborn“, der ein echter Kratersee und kein Maar ist. Hier gibt es eine „Biologisch-Ökologische“ Station.

Schalkenmehrener Maar und Sternwarte

Am Schalkenmehrener Maar gibt es ein Freibad und einen Bootsverleih. Wer einen Kinderwagen zu schieben hat, ist hier gut aufgehoben. Der untere Rundweg ist in einer Stunde geschafft, er ist eben und geteert. In Schalkenmehren gibt es außerdem die Sternwarte „Hoher List“. Vorführungen finden regelmäßig statt.

Alle Infos über die Verkehrsämter ab S. 179

TOUR 11

Eifel-Vulkanmuseum www.vulkaneifel.de / www.geopark-vulkaneifel.de
Leopoldstraße 9 / 54550 Daun / Tel.: 06592-985353, Fax: 06592-985355
Öffnungszeiten: 01. März–15. November: Di-Fr 13-16.30 Uhr, Sa, So, Fei 11-16.30 Uhr, Mo geschlossen. 01.-06. Januar, 26.–30. Dezember: Di-Fr 13-16.30 Uhr, Sa-Mo geschlossen. Führungen für Gruppen nach Vereinbarung.

Hallenbad Daun www.hallenbad.daun.de
Leopoldstraße 14 / 54550 Daun / Tel.: 06592-2444
Öffnungszeiten: Große Schwimmhalle Mo 16-21 Uhr, Di 7-8.30, 15-17 Uhr (Spielnachmittag), Mi 7-10.30, 16-21 Uhr, Do 7-8.30, 15-16.30 (Seniorenschwimen), 16.30-19 Uhr, Fr 7-8.30, 15-18 Uhr, Sa 15-18 Uhr, So 9-12 Uhr. Zusätzliche Einrichtungen: Warmwasserbad, Infrarotkabine, Sonnenstudio und Sauna.

TOUR 13

Bio-Imkerei Mehler www.biobee.de
Neue Straße 3 / 54570 Wallenborn / Tel.: 06599-258, Fax: 06599-284
info@biobee.de
Öffnungszeiten: Laden: Mo-Fr 8-18 Uhr, Sa 9-17 Uhr, November–März: So 10-12 Uhr, April–Oktober: 10-17 Uhr, Besichtigungen von Anfang April–Ende Oktober: Mi-So 14-17 Uhr, Gruppen nach Voranmeldung ganzjährig.

Kräuterhaus www.naturborn.de
Hauptstraße 7 / 54570 Wallenborn / Tel.: 06599-231
Öffnungszeiten: Mo-Sa 9-12.30 Uhr, 14-19 Uhr, So 9-12 Uhr

Eishöhlen bei Birresborn
Vom 15. Oktober–31. März sind vier der fünf Eingänge zum Schutz der Fledermäuse geschlossen. Führungen nach Vereinbarung möglich, Dauer ca. 3 Stunden. Tel.: 06594-792

Birresborner Sprudel www.birresborner.de
Tel.: 06594-92000

Bertradaburg www.bertradaburg.de
Brigitte Tiepelmann / Burgring 13 + 15 / 54570 Mürlenbach
Tel., Fax: 06594-864 (Bitte immer anmelden)
Die Bertradaburg ist für Besucher geöffnet. Besichtigungen der Außenanlagen sind jederzeit möglich.
Führungen durch den fünfgeschossigen Torbau, der auch eine schöne Burgkapelle enthält, finden jeden 1. So (Ostern–Ende Oktober) um 15 Uhr und für Gruppen nach Vereinbarung) statt. Außerdem gibt es eine historische Weinstube, die jedoch nur auf Anfrage geöffnet wird.
Jedes Jahr von Mai bis September gibt es eine Reihe von Kulturveranstaltungen in der Burg. Es gibt 5 Ferienappartements in der Burg.
Informationen zu Veranstaltungen, Führungen und Unterkunft auch unter www.eifeltour.de oder klaus@tiepelmann.de.

TOUR 15

Mausefallenmuseum Neroth www.neroth.de / www.gerolstein.de
Tel.: 06591-5822 / **Öffnungszeiten:** 01. April–31. Oktober: Mi 14-16 Uhr, Fr 15-17 Uhr, ganzjährig Gruppen ab 5 Personen nach Vereinbarung.

TOUR 17

Maarmuseum Manderscheid www.maarmuseum.de
Wittlicher Straße 11 / 54531 Manderscheid / Tel.: 06572-920310, Fax: 06572-920315, maarmuseum@t-online.de
Öffnungszeiten: 01. März–31. Oktober: Di-Sa 10-12, 14-17 Uhr, So, Fei 13-17 Uhr, Mo geschlossen

Burgenfest im August www.burgenfest.info
An beiden Turniertagen kostenloser Bustransfer von den ausgeschilderten kostenlosen Parkplätzen im Ort. Kinder bis 11 Jahren haben freien Eintritt zu den Turnierspielen. Feuerwerk! Auskünfte bei der Kurverwaltung Manderscheid.

TOUR 18

Erlöserkirche und Villa Sarabodis
Verkehrsbüro Gerolstein / Tel.: 0651-949910
Führungen: 01. April–31. Oktober: Mi, Sa 10, 15 Uhr,
ganzjährig Mo-Sa Gruppen ab 3 Personen nach Vereinbarung.

WAS ES SONST NOCH GIBT – RUND UM DAUN:

Wild- & Erlebnispark Daun www.wildpark-daun.de
54550 Daun / Tel., Fax: 06592-3154
Öffnungszeiten: 01. März–15. November: 10-18 Uhr

Adler- und Wolfspark Kasselburg www.adler_wolfspark.de
54570 Pelm bei Gerolstein / Tel.: 06591-4213, Fax: 06591-980819
Öffnungszeiten: 15. März–31. Oktober: täglich 10-18 Uhr, 01. November–23. Dezember 15. Januar–28. Februar: Sa, So 11-16 Uhr, 26. Dezember–14. Januar: täglich 11-16 Uhr

Schneidemühle Meisburg
Familie Josef Schneider / 54570 Meisburg / Tel.: 06599-222
Öffnungszeiten: Sa, Fei 14-18 Uhr, Gruppen und Busse nach Vereinbarung. Witterungsbedingt sind Führungen von 01. November–31. März nur nach telefonischer Vereinbarung möglich.

Eifeler Glockengießerei www.glockengiesser.de
Hans August Mark / Glockenstraße 51 / 54552 Brockscheid / Tel.: 06573-990330
Fax: 06573-9111, info@glockengiesser.de
Führungen für Einzelbesucher: 01. April–31. Oktober: Mo-Sa 10, 11, 12, 14, 15, 16 Uhr, 01. November–31. März: Mo-Sa 15 Uhr.
Gruppenführungen finden ganzjährig nach Voranmeldung alle 30 Minuten statt Mo-Sa 9-12, 14-16.30 Uhr, So, Fei 11-13 Uhr. Anmeldung unter Tel.: 06573-99033-14

Schulmuseum Immerath www.daun.de
Hauptstraße / 54552 Immerath / Trägerschaft: Verbandsgemeindeverwaltung Daun
Tel.: 06592-95130, Fax: 06592-951320, info@vgv.daun.de
Öffnungszeiten: April–Oktober: Do 14-17 Uhr. Gruppen nach Vereinbarung unter Tel.: 06573-274 (Frau Keßeler)

Rund um
Bitburg in 6 Touren

SÜD-/WESTEIFEL

Tour 20
SÄUBRENNER, WEIN, TABAK

Tour 19
BITBURG

Tour 21
TEUFELSSCHLUCHT

BITBURG

Tour 22
BURG RAMSTEIN

Tour 23
ENTLANG DER PRÜN

Tour 24
WEIN- UND BERGBAU

WAS ES SONST NOCH GIBT

Brauerei und Natostützpunkt

Kleiner Rundgang durch eine europäische Stadt

Der kleine Stadtrundgang könnte am Bedaplatz beginnen. „Beda“ hieß etwa im 4. Jahrhundert n. Chr. das im heutigen Bitburg erbaute Römerkastell. Es lag an der Römerstraße von Trier nach Köln. Auch nach dem Niedergang des römischen Reiches blieb Bitburg besiedelt; im 13. Jahrhundert erhielt es die Stadtrechte. Bitburg war im Mittelalter wie heute immer eine Grenzstadt. Es gehörte zu den Gebieten von Luxemburg, Burgund, zu den spanischen und den österreichischen Niederlanden. 1792 kam es unter französische Verwaltung und 1815 an die preußische Rheinprovinz. Seit dieser Zeit ist Bitburg Kreisstadt. Die Stadt stand im Zweiten Weltkrieg unter starkem Beschuss und wurde zu 85% zerstört. Leider hat auch Bitburg seitdem kein geschlossenes, altes Stadtbild mehr.

Amerikaner in der Eifel

Bis vor kurzem lebten etwa 12.000 deutsche und genau so viele amerikanische Einwohner vom hiesigen Natostützpunkt. Immer mehr Truppen wurden aber abgezogen, und so verlor Bitburg auch einen Teil „seiner“ Amerikaner. Neben der immer noch bestehenden Kaserne in Bitburg ist besonders wichtig die Nato Airbase in Spangdahlem. Der Flugplatz Spangdahlem beschäftigt mehr als 600 deutsche Zivilangestellte. 180 Millionen Euro fließen jährlich in die lokale Wirtschaft. Stationiert ist hier das 52. Luftgeschwader. Das 52. Fighter Wing ist der größte und vielseitigste fliegende Verband der US-Luftstreitkräfte in Europa und umfasst drei Jagdstaffeln und eine Fliegerleitstaffel. Im Juli 1994 verdoppelte sich fast die Größe des Geschwaders durch die Übernahme der Einrichtungen im nahegelegenen Bitburg, wodurch 1.100 Wohneinheiten und ein Krankenhaus mit voller medizinischer Versorgungsleistung in den Zuständigkeitsbereich des Geschwaders übergingen.

Zum 52. Jagdgeschwader gehören 2.449 Morgen Land und 1.421 Einrichtungen. Während der Operation Allied Force – als Unterstützung für den Kosovo – war das 52. Jagdgeschwader als so genanntes 52. „Air Expeditionary Wing“ im Einsatz. Mit zahlreichen Programmen pflegt man die Nachbarschaft zum Umland: Das „Spangdahlem AB Informationsforum“, der „Deutsch-Amerikanische Freundschaftsklub“, die Kinderolympiade „Special Children's Day“ sowie Freundschaftsfeste und der „Tag der Offenen Tür“, Flugplatzführungen und Besichtigungen und schließlich Zusammenkünfte zu traditionellen Festen und deutsch-amerikanischen Veranstaltungen.

Tortillas und Hamburger – einmal nicht als Fast Food im Coyote Café

Der Weg durch das amerikanische Kasernengebiet und weiter nach Spangdahlem führt an Hotdog-Buden, Autos „for sale“, amerikanischen Gaststätten und Möbelgeschäften vorbei. Den Hamburger im McDonalds-Restaurant kann man in Dollar oder Euro bezahlen, die Kasse nimmt beides, und an der Wand hängt eine Tafel mit dem neuesten Umrechnungskurs. Das Publikum ist zur Hälfte amerikanisch und die Bedienung auch. Ein ebensolches Sprachgewirr kann man auch in der Bitburger Eishalle vernehmen. Eislaufen (skating) ist in den USA Volkssport, und so ist die Eishalle stets von jungen Amerikanern gefüllt. American way of life kann man schließlich auch erleben in der Gaststätte „Coyote Café“ . Hier gibt es Nachos, Hamburger, Jalapenos oder Buffalo Wings, eine günstige Tageskarte und wechselnde Veranstaltungen. Das Lokal ist in einem imposanten Raum untergebracht, der zuvor als Turnhalle gedient hatte. Hohe Wände, eine Empore und viele amerikanische Dekos, wie Baseball- und Boxschaukästen, Neonschriften und eine Riesenbar geben ein stimmungsvolles Ambiente. Es gibt Salitos Bier und die Cocktailkarte ist vier Seiten lang. www.coyote.de

Im Sommer wird Bitburg beim „Europäischen Grenzlandtreffen“ noch internationaler. Am Bedaplatz steht das Kulturhaus der Stadt „Beda“, u. a. mit einer ständigen Ausstellung von 80 Bildern des Eifel-Malers Fritz von Wille. Hier wird man manches der bisherigen Eifel-Ziele wiedererkennen. An einem Regentag bietet sich vielleicht eine der regelmäßigen Videovorführungen über Bitburg und das Bitburger Land an.

Vom Bedaplatz aus geht es über den Karenweg zur Fußgängerzone in der Hauptstraße. Direkt rechts vor der Post befindet sich auf der Straße ein kleiner Kinderspielplatz. An der Einmündung der Petersstraße in die Hauptstraße liegt der „Gäeßestrepper-Brunnen“: Es gibt viele Geschichten von Menschen, die sich als Tiere getarnt haben. Hierdurch retteten sie sich, oder sie schafften es, andere zu besiegen. Auch die Geschichte vom Gäeßestrepper Brunnen handelt hiervon. Man erzählt sich, dass Bitburg im 30-jährigen Krieg (1618–1648) von feindlichen, schwedischen Truppen belagert wurde. Wer damals das Pech hatte, den kämpfenden Horden zu begegnen, musste mit den schlimmsten Dingen rechnen. Die Kriegsparteien verwüsteten halb Europa, und viele Menschen starben. Die Bitburger wollten die Belagerer loswerden und ihr Leben retten. Wenn eine Stadt belagert wurde, musste sie oft deshalb aufgeben, weil die Essensvorräte zu Ende gegangen waren. Da hatten die Bitburger eine Idee: Jungen aus der Stadt streiften sich Ziegenfelle über, sodass sie wie Ziegen aussahen. Damit liefen sie über die Stadtmauer. Als die Feinde dies sahen, glaubten sie, dass es in Bitburg noch ganz viele Tiere gäbe, die man schlachten könnte. Sie glaubten also, ihre Aushungerungstaktik würde so bald nicht zum Erfolg führen können. Da zogen die Schweden ab, und Bitburg war gerettet.

Von der Hauptstraße geht es nun nach rechts in die Peterstraße. Kurz hinter der Querstraße „Im Graben” steht auf der linken Seite die Brunnenanlage am Pferdemarkt. Sie soll an die Zeiten erinnern, als die Pferde- und Viehmärkte noch Mittelpunkt des Lebens in Bitburg waren. Lebens-

Ein Stadtbummel durch Bitburgs Fußgängerzone

groß in Bronze gegossen sind zwei Bitburger Originale: Schillings Klaus und Jäschkes Fritz als Käufer und Händler beim Pferdehandel mit Handschlag dargestellt. Daneben steht das Pferd, um das es beim Kauf geht. Über die Straße „Im Graben" geht es links entlang einer der nächsten Querstraßen zur Hauptstraße zurück. Hier befinden sich die Liebfrauenkirche, die Jupitersäule (Nachbildung einer römischen Säule) und die Römermauer, in der Teile der römischen und mittelalterlichen Festung enthalten sind. Über die Straße „Römermauer", unterhalb der Kirche gelegen, geht es nach links zum Bedaplatz zurück. Dabei führt der Weg an der größten Berühmtheit Bitburgs vorbei, der Bitburger Brauerei. Die Bierproduktion selbst ist seit den 70er Jahren in das Gewerbegebiet verlagert worden. Die Brauerei hat hier im alten Teil 1989 ein Kommunikationszentrum geschaffen. Auch eine Boutique gehört dazu. In der Brauhausgaststätte „Simonbräu" kann man mit Kindern gut essen gehen. Es gibt einen Still- und Wickelraum sowie eine eigene Kindertoilette.

Kreismuseum Bitburg

Extras

Das Kreismuseum befindet sich seit Ende 1998 im historischen Gebäude der ehemaligen Landwirtschaftsschule. Es ist heute eines der größten regionalgeschichtlichen Museen des Landes mit 20 Ausstellungsräumen. Kinder sind herzlich willkommen z. B. mit dem Museumsspiel: „Mit dem Mammut ins Museum". Kein verstaubtes Heimatmuseum!

Eislaufhalle und Fun-Park

Im Winter gibt es hier Laufzeiten und Kurse, Eishockey-Matches und vieles mehr. Im Sommer verwandelt sich die Halle in einen „Fun-Park". Der Fun-Park in der Eissporthalle Bitburg hat seine Pforten für alle Kids, Sportbegeisterte und die ganze Familie geöffnet. Jeder ist herzlich willkommen, die neuen Sportgeräte auszuprobieren oder einfach mit Rollerblades seine Runden in der Halle zu drehen. Wer skaten, klettern oder einfach nur Spaß haben möchte, kann sich hier austoben: Halfpipes, Streetball-Körbe, Hockeyschläger, Trampolin, Torwand Boxhandschuhe, Kletterwand und vieles mehr.

Kombi-Spassbad „Cascade"

Erlebnisbereich mit Wasserfällen, Rutschen (black hole!), Whirl-Pool, einem großzügiger Kleinkindbereich mit Spielzeugen: Das neue Bitburger Schwimmbad ist ein Riesenspaß für die gesamte Familie: Ergänzt wird das Angebot durch ein Regenerationsbecken, Saunen und Solarien und ein Restaurant. Anders als viele Spaßbäder hat das Cascade neben dem Spaßbereich noch ein 25-Meter-Sportbecken (1- und 3-Meterbrett) sowie ein Lehrschwimmbecken.

Kartbahn

Im Bereich der ehemaligen Airbase Bitburg befinden sich eine Hallen- und eine Außen-Kartbahn mit permanenter elektronischer Zeitmessung und Rennausschreibungen (Tagesbester etc.).

Tour 20

Säubrenner und Weinbauern

DIESE RUNDFAHRT FÜHRT ZUR STADT DER SÄUBRENNER, ZU WEIN UND TABAK UND EINEM MITTELALTERLICHEN KLOSTER.

Von Bitburg aus geht es über die B 50 in Richtung Wittlich. Nach etwa 8 km liegt links der Bundesstraße der Ort Dudeldorf.

Dudeldorf wurde bereits 1345 das Stadtrecht verliehen. Der trierische Machtbereich hatte hier einen letzten Vorposten vor dem luxemburgischen Bitburg. Alte Wohnhäuser, eine zum Schloss umgebaute Burg, verfallene Stadtmauern und zwei große Tortürme erinnern noch heute an die mittelalterliche Zeit. Restauranttipp: Torschänke

DAS PESTFLÄMMCHEN

In Dudeldorf wird die Geschichte vom Pestflämmchen erzählt: Als vor ein paar hundert Jahren auch in Dudeldorf die Pest wütete, fiel den Bewohnern auf, dass immer dort, wo jemand an der Pest starb, zuvor ein blaues Flämmchen getanzt hatte. Ein alter Mann entschloss sich, dem Pestflämmchen auf die Spur zu kommen. Er lief also eines Nachts hinter der tanzenden Flamme her und entdeckte, dass diese in einer Mauerritze verschwand. Schnell verschloss der Alte mit einem Lehmklumpen die Mauerritze. Das Pestflämmchen kam nicht wieder zum Vorschein, und keiner starb mehr an der Pest. Sieben Jahre später öffnete der alte Mann neugierig die seinerzeit verschlossene Mauerspalte. Die Pestflamme erschien, und die Pest brach erneut aus. Wieder versuchte der Alte, vom schlechten Gewissen getrieben, das Flämmchen einzufangen. Dies gelang ihm erst, als das Licht hinter dem Dorf um ein Wegkreuz tanzte. Der Mann nagelte das Licht am Kreuz fest und machte es endgültig unschädlich. Seitdem geht am Markustag eine Prozession der Dorfbewohner zu dem Kreuz, aus Dank für die Erlösung von der Pest.

Etwa 3 km weiter liegt links der Bundesstraße das Dorf Spangdahlem, weltbekannt wegen der riesigen Nato-Airbase. Wenn man einen kleinen Abstecher von der Bundesstraße weg hin zum Dorf macht, sieht man die riesigen Flugplatzanlagen. An der Einfahrt steht ein altes Starfighter-Modell. Führungen über die Airbase sind für Gruppen möglich.

Weiter geht es bis Binsfeld, hier rechts Richtung Arenrath und von dort aus dann nach Bruch.

In Bruch wäre eine gute Möglichkeit, auszusteigen und ein bisschen herumzulaufen. Durch den Ort führt ein Weg entlang der Salm. Bruch wird überragt von einer großen Wasserburg, die aber leider nicht besichtigt werden kann. Im Ort gibt es viele alte Bauernhäuser, einen alten öffentlichen Backofen und eine alte Ölmühle.

Von Bruch kommt man über Bergweiler nach Wittlich. Dort am besten auf dem großen Parkplatz an der Lieserbrücke parken.

In Wittlich angekommen, hat man mehrere Möglichkeiten: Neben dem Parkplatz zieht sich ein Parkgelände hin bis zu den Sportanlagen der Stadt. Hier kann man picknicken. Auf der anderen Seite des Parkplatzes befindet sich ein vor allem für kleinere Kinder geeigneter Spielplatz. Die dritte Möglichkeit wäre, über die Lieserbrücke in die Innenstadt Wittlichs zu gehen. Kurz vor der Brücke steht links eine Traubenpresse, ein Zeichen dafür, dass in Wittlich Wein angebaut wird. Wittlich nennt sich „Tor zur Mosel und zur Eifel", und das stimmt auch. Hier fließt zwar nur die Lieser, aber das Klima ist nicht mehr so rauh wie in der Eifel. Wittlich liegt geschützt in einer Senke. Die Böden können die Sonnenwärme speichern, und so wächst hier nicht nur Wein, sondern sogar auch Tabak.

Das Klima war auch der Grund dafür, dass bereits die Römer die Senke besiedelten und ihr den Namen „Vitelliacum" gaben. Nach den Römern kamen die Franken, und seit dem Jahr 1000 waren die Trierer Erzbischöfe die Stadtherren. 1291 erhielt Wittlich das Stadtrecht. Es wurde eine Handelsstadt mit zentraler Lage zwischen Eifel, Hunsrück, Trier und Koblenz. Aus dieser wohlhabenden Zeit stammen viele alte Bürgerhäuser. Der Marktplatz mit dem alten Rathaus entstand um 1650.

Stadt der Säubrenner

Am Marktplatz steht ein kleines Schwein aus Bronze. Wittlich wird nämlich die Stadt der Säubrenner genannt, und das kam so: In alten Zeiten wurde das Wittlicher Stadttor mit einem hölzernen Riegel verschlossen. Als die Stadt von Friedrich von Ehrenburg belagert wurde, hielt die Festung zunächst stand. Eines Abends aber stellte der Torwächter fest, dass der Riegel nicht mehr an seinem Platz saß. In seiner Not nahm er eine Rübe, das einzige, was er in der Eile hatte finden können. Der Wächter schnitzte die Rübe als Riegel zurecht und steckte sie in das Torschloss. Da kam eine Sau des Weges und fraß den Rübenriegel einfach auf. Das Tor war nicht geschützt, und die Feinde konnten ungehindert eindringen. Nach einigen Ta-

Die Wasserburg – auch im Winter idyllisch

gen trieben die Einwohner der verheerten (durch das Heer zerstörten) Stadt alle noch lebenden Schweine auf dem Marktplatz zusammen, um sich an ihnen zu rächen. Sie errichteten ein großes Feuer und verbrannten die Schweine darin. Dabei allerdings stieg ihnen der Duft von Schweinebraten in die Nase, und so blieb die Tradition des Säubrennens, jedoch nicht mehr aus Rache ...

Im Gewerbegebiet Wittlichs liegt das Kaufhaus Bungert, in dem auch ein Restaurant mit Kinderspielecke (1. Etage) zu finden ist. Hier findet man die größte Lebensmittelauswahl weit und breit. Ebenfalls im Industriegebiet ist ein McDonalds-Restaurant. Von Wittlich aus führt die Rundfahrt weiter zum Kloster Himmerod.

Von Wittlich aus geht es dafür zunächst zurück in Richtung Bitburg. Aber am Berg nicht links nach Bitburg abbiegen, sondern geradeaus nach Großlittgen und von dort in Richtung Kyllburg zum Kloster Himmerod weiterfahren. Picknickmöglichkeit: Von Großlittgen aus erst noch weiter in Richtung Manderscheid. Kurz hinter dem Abzweig nach Karl (nicht nehmen) liegt ein kleiner Grillplatz mit Brunnen und noch ein Stückchen weiter ein Spielplatz im Wald.

Das Klosterleben

Obwohl das Kloster Himmerod mit seiner barocken Kirche noch relativ neu aussieht, hat es eine ganz alte Geschichte: 1134 verließen 12 Mönche unter ihrem Abt Randulf die Stadt Clairvaux und zogen in das Kylltal, wo ihnen ein Landbesitz geschenkt worden war. Weil der zu klein war, zogen sie weiter in das Salmtal. Zwischen den Dörfern Eisenschmitt und Großlittgen gründeten sie die Abtei Himmerod (Rodungsland des Haymo). Sie waren Zisterzienser. Mitglieder dieses Ordens suchten die Stille, sie lebten gemäß dem benediktinischen Motto „Bete und arbeite" (ora et labora), und sie versorgten sich selbst. Dabei gestalteten sie die Landschaft zu einer blühenden Kulturlandschaft um. Auch im Salmtal hatten die Mönche viel Arbeit mit der Rodung und Bestellung des sumpfigen und von Urwald bestandenen Landes. Die Abtei baute Obst und Gemüse an und produzierte viel Wein, der mit eigenen Schiffen bis Seeland und Holland gebracht wurde. Selbst an der Mosel gehen heute noch viele gute Weinlagen auf den Weinbau der Mönche zurück.

In den Kriegen und Fehden des Spätmittelalters wurde Himmerod oft ausgeraubt und mit hohen Abgaben belegt. Viele seiner Höfe wurden niedergebrannt. Erst 200 Jahre später gelang es, die Klosterwirtschaft wieder zu festigen. Nicht nur in den Feldern und Gärten des Klosters war erfolgreich gearbeitet worden: Seit der Gründung des Klosters fertigten Mönche viele bedeutende Handschriften mit farbenprächtigen Miniaturen und Ranken an und legten so den Grundstock für die Klosterbibliothek, die im 15. Jahrhundert 2.000 Bände enthielt. Jedes Buch wurde mit der Hand geschrieben, natürlich in lateinischer Sprache und nach strengen Regeln mit Bildern verziert. Nicht nur Bibeln wurden hier abgeschrieben, sondern auch Bücher aus vielen anderen Wissensgebieten. Heute sind nur noch 150 Handschriften aus Himmerod übrig geblieben.

Im 30-jährigen Krieg war die Eifel wieder einmal Durchzugsgebiet plündernder Horden, und so blieb auch Himmerod nicht verschont. Dennoch legte der damalige Abt noch den Grundstein für viele Klosterneubauten, wie etwa den Kreuzgang.

Im 18. Jahrhundert wurde Himmerod von der Baufreudigkeit des Barocks ergriffen, und die Barockkirche wurde erbaut. 1802 mussten die Mönche infolge der Verweltlichung kirchlicher Gebäude durch den französischen Herrscher Napoleon das Kloster verlassen. Die reichen Kunstschätze wurden teils verschleudert, teils vernichtet, Kirche und Kloster als Steinbruch benutzt.

Das Kloster Himmerod

1919 ließen sich Zisterziensermönche aus der bosnischen Abtei Mariastern in Himmerod nieder und kauften den übrig gebliebenen Klosterbesitz zurück. Das Klostergebäude wurde in den 20er Jahren über dem alten Grundriss des 17. Jahrhunderts errichtet. Mit dem Wiederaufbau der Kirche wurde 1952 begonnen. Heute fällt es schwer sich vorzustellen, wie die Mönche hier im Mittelalter gelebt und den Wald zu Ackerflächen umgewandelt haben. Doch die einsame Lage des Klosters kann vielleicht noch einen Eindruck vermitteln.

Damals waren die Mönche völlig auf sich angewiesen. Sie teilten ihren ganzen Besitz. Dem Abt (Klostervorsteher) mussten sie Gehorsam leisten. Ihr Tagesablauf wurde von Beten und Arbeiten bestimmt. Sie aßen einfache Speisen und hatten feste Fastenzeiten. Ihre Gewänder waren einfach. Manchmal trugen sie absichtlich unbequeme Unterwäsche. Daher kommt auch der Begriff „härenes Hemd“. Es war ein Hemd, das aus Haaren gemacht und deshalb kratzig war. Sieben Gottesdienste gab es am Tag, den ersten bei Sonnenaufgang, den letzten mitten in der Nacht. Durchschlafen oder etwa ausschlafen konnten die Mönche nicht! Ziemlich kalt muss es beim frühen Aufstehen ohne Zentralheizung gewesen sein. Es war bestimmt eine willkommene Abwechslung, wenn Pilger zum Kloster kamen. Vielleicht sogar ein Ritter mit seinem Gefolge! Dann konnten die Neuigkeiten aus der weiten Welt bis in dieses versteckte Eifeltal gelangen.

Von Himmerod geht es über Oberkail und die B 257 zurück nach Bitburg.

Vitellius-Bad Wittlich (Hallenbad/Freibad)

Extras

Im Freibad gibt es ein Plantschbecken mit Wasserfall, Höhle und Flächenrutsche. Außerdem sind ein Abenteuerbecken, ebenfalls mit Wasserfall, Höhle und Wasserkanone, herkömmliche Schwimmer- und Nichtschwimmerbecken sowie eine Riesenrutsche vorhanden. Daneben gibt es noch einen Spielplatz. Im Hallenbad ist ein kombiniertes Schwimmer- und Nichtschwimmerbecken.

Indoor-Kartbahn Wittlich

Brunnen in Eisenschmitt – Die Eisernverhüttung

In früheren Jahrhunderten verdiente man in der Eifel gutes Geld mit der Eisenverhüttung. Dies kann man natürlich besonders gut in Eisenschmitt, wo schon der Name darauf hinweist. Auch in Eisenschmitt gab es früher eine bedeutende Eisenproduktion. Fünf Jahrhunderte lang wurde hier und in den Ortsteilen Korneshütte und Eichelhütte Eisen verhüttet. Die Namen sagen es schon. 1840 lebten in Eisenschmitt rund 2.000 Einwohner. Davon arbeiteten 182 in der Eisenproduktion. Es wurden vor allem „Takenplatten“, dies sind Ofen- und Herdplatten sowie Öfen gefertigt. In der Umgebung stellten zahlreiche Köhler das Brennmaterial – Holzkohle – für die Hochöfen her. Ende des 19. Jahrhunderts wurden die Betriebe stillgelegt und viele Einwohner arbeitslos. Heute leben nur noch etwa 450 Menschen im Dorf. Im Dorf steht ein vom Künstler Johann Baptist Lenz aus Oberkail gefertigter Brunnen. Auf drei Ebenen wird die Geschichte der Eisenverhüttung dargestellt.

Schaut euch den Brunnen einmal genau an! Er hat drei verschiedene Etagen. Ganz oben sind Eisenschmiede dargestellt. Sie gaben dem Dorf den Namen. Ihr seht den Meister mit einer Zange und seine drei Gesellen, die mit ihren Hämmern ein Stück glühendes Eisen auf dem Amboss schmieden. Wenn Eisen zum Glühen gebracht wird, lässt es sich gut bearbeiten. Ihr kennt vielleicht die Sprichwörter: „Man soll das Eisen schmieden, solange es noch heiß ist“ oder „Ein Eisen im Feuer haben“. In der Mitte des Brunnens seht ihr andere Handwerker, die auch an der gesamten Fertigung beteiligt waren: Köhler, Eisenschmelzer, Gießer und die Ziseleure, die die feinen Verzierungen anbrachten. Das abgebildete Laub und das Wasser stehen für die Wälder und Bäche, die die Köhler für ihr Handwerk brauchten. Köhler stellten Holzkohle in großen Meilern her. Ein Meiler ist ein kuppelförmiger Holzstoß, der mit Gras und Erde bedeckt wird. Er besitzt zwei „Schornsteine“, einen senkrechten und einen waagerechten. Der Köhler zündet das Holz im Inneren des Meilers an. Da kaum Luft hinzutritt, glimmt das Feuer nur und verwandelt das Holz in ungefähr 10 Tagen zu Holzkohle. Das Feuer verbrennt das Holz also nicht zu Asche. Die Figuren auf dem unteren Brunnenrand stammen aus einem Buch mit dem Namen „Das Weiberdorf“ von Clara Viebig. Es wurde vor ungefähr 90 Jahren geschrieben und erzählt von den Menschen aus dieser Gegend.

Tour 21

Zu den Menschen der Bronzezeit

Rundfahrt über das Ferschweiler Plateau. Wanderung zu einer alten „Wikingerburg“ und einem Hinkelstein

Von Bitburg aus über die B 257 in Richtung Luxemburg bis Niederweis. Dort rechts nach Prümerburg abbiegen. Von dort aus durch den Wald nach Prümzurlay. Im Tal rechts nach Holsthum abbiegen.

Die bekannte Bitburger Brauerei

Bier

Seht ihr links die Hopfengärten liegen? Kennt ihr Hopfen überhaupt? Der Hopfen ist eine Schlingpflanze, die alljährlich neu vom Boden aus 8 m in die Höhe wächst. Der Hopfen wird an langen Stangen und Gestellen gezogen. Die unbefruchteten Zapfen der weiblichen Pflanze werden für das Bierbrauen gebraucht. Sie geben dem Bier den unverwechselbaren bitteren Geschmack. Vielleicht habt ihr schon einmal die Sprüche gehört „Hopfen und Malz, Gott erhalt's“ oder „Bei dem ist Hopfen und Malz verloren“? Hopfen und Malz sind für den Bierbrauer gleich wichtig. Malz ist übrigens gekeimtes Getreide. Beim Bierbrauen wird getrocknetes und geröstetes Gerstenmalz verwendet. Vielleicht findet ihr ja auch ein zum Hopfen passendes Gerstenfeld? Gerste ist gut erkennbar an den langen Grannen. Außerdem ist die Gerste als erstes von allen Getreiden reif.

EXTRA

Bitburger Brauerei

In Holsthum über die Prümbrücke und links der Kennzeichnung „Schankweiler Klause" folgen. Am dritten Wanderparkplatz das Auto parken.

In der Teufelsschlucht

Weiter nun zu Fuß! Dem asphaltierten Weg und der Kennzeichnung „Schankweiler Klause" folgen. Schon bald steht man mitten im Wald vor einer unvermutet großen Kirche. Die Klause ist eine Wallfahrtskirche und wurde 1762 im typischen Barockstil erbaut. Wenn man links an der Kirche vorbeigeht, sieht man einen allein stehenden Felsen, auf den eine kleine Brücke führt. Von dort aus hat man, wenn einem nicht gerade Blätter die Sicht versperren, einen weiten Blick in das Tal.

Nun geht es weiter zur so genannten „Wikingerburg". Dafür muss man ein kleines Stück auf dem Weg in Richtung des Parkplatzes zurückkehren, dann aber den Asphaltweg links liegen lassen. Halbrechts der Beschilderung mit dem blauen „A" folgen. Die Wanderung führt zwischen Waldbeerbüschen über das Ferschweiler Plateau. Der Weg ist einfach, denn es geht weder bergauf noch bergab. Man bewegt sich sozusagen wie auf einer Tischplatte, einem Plateau.

ERDGESCHICHTE UND STEINZEIT

Das Ferschweiler Plateau lag zur Zeit des Jura (Lias-Zeit, etwa vor 180 Millionen Jahren) am Rand des lothringischen Jurameeres. Aus der großen Sandsteinplatte hatten die Flüsse Sauer und Prüm sowie deren Nebenflüsse mehrere Inseln herausgeschnitten, von denen das Ferschweiler Plateau die größte ist. Die Ränder der Sandsteinplatte sind steile Felsbastionen, die Oberfläche ist flach wie ein Tisch. Da der Sandstein wasserdurchlässig ist, kann das Regenwasser hindurchsickern. Tiefer unten trifft es dann auf Wasser undurchlässige Tonschichten. Nun passiert folgendes: Das Wasser unterspült die Sandsteinränder und bringt die Randplatten zum Rutschen. Mit der Zeit sind sogar ganze Bergstürze passiert. Gut zu erkennen ist eine solche Bergsturzmasse in der Prüm bei den so genannten Irreler Wasserfällen. Hier haben sich die abgestürzten Felsbrocken im Fluss ausgebreitet.

Ferschweiler Plateau

Nach etwa 2 km mündet der Weg in einen anderen ein. Hier wieder der blauen Beschilderung „A“ folgend nach rechts abbiegen. Nach einigen hundert Metern kommt man an eine große Wegkreuzung. Hier befindet sich die „Wikingerburg“, die weder eine Burg mit Zinnen und Türmen ist noch von den Wikingern stammt. Sie liegt wenige Meter rechts vom Weg (um die Ecke herum) und ist nur schwer zu erkennen. Zum Glück steht ein Hinweisschild davor. Die Burg ist ein Festungswall und Teil eines ganz um das Ferschweiler Plateau herumlaufenden Befestigungssystems von 8 km Länge und 4–5 km Breite. Der Wall selbst ist 160 m lang und an seiner Basis 25 m breit. Die Höhe beträgt etwa 10 m. Hier im Norden der Ebene geht das Plateau ohne Unterbrechung in die Nusbaumer Hardt über. Sie ist eine Schwachstelle im von Natur aus gut bewehrten Gelände. Diese einzig mögliche Einfallstelle der Feinde wurde durch den Wall abgeriegelt.

Wer aber hat diese mächtige Anlage gebaut? Auf der Informationstafel steht, dass dies vermutlich die Treverer waren, ein bei Eintreffen der Römer vor etwa 2.000 Jahren hier lebender germanischer Volksstamm. Wissenschaftliche Forschungen haben aber ergeben, dass diese Anlage bereits von den Menschen der Bronzezeit (etwa 1200–700 v. Chr.) errichtet wurde. Viele Gräber aus dieser Zeit (Urnenfelderzeit) wurden auf dem Plateau ausgegraben. Man nimmt aufgrund der Funde (Tonscherben und Geschmiedetes) an, dass hier viele Menschen gelebt hatten.

Von hier geht man zur Kreuzung zurück und folgt von dort geradeaus der blauen Beschilderung. Nach etwa 1,5 km führt der Weg zum Fraubillen-

▲
Wunderschöne Wanderwege in der Teufelsschlucht

kreuz. (An der Weggabelung den linken Ast, blaue Beschilderung, nehmen.) Ihr seid am größten „Hinkelstein“ der Eifel angekommen. Er ist 3,50 m groß, schief und verwittert. Der mächtige Stein ist wie ein Kreuz geformt. Tatsächlich handelt es sich bei dem Stein aber um einen riesenhaften und ungefähr 5.000 Jahre alten Menhir. Menhire sind „lange Steine“ und stammen aus der Jungsteinzeit. Obelix im bekannten Comic spielt auch mit solchen Menhiren-Hinkelsteinen.

Nachdem die Eifel christianisiert worden war, gestalteten die Menschen den Stein zu einem riesigen Kreuz um. Im Monolith (alleinstehender Stein) befinden sich zwei Nischen für längst verlorengegangene Heiligenfiguren. Den Namen Fraubillenkreuz führt man darauf zurück, dass der Stein 1617 „Sibyllen-Creutz“ genannt wurde, also den Namen der antiken Wahrsagerin Sibylle trug. Man erzählt sich, dass im Stein zuweilen die Geräusche einer darin eingeschlossenen, spinnenden Frau zu hören seien.

Nicht nur an der Wikingerburg, sondern auch hier am Kreuz gibt es eine Schutzhütte. Hinter dem Kreuz führt nach links der Weg etwa 1,5 km lang zurück zur Schankweiler Klause. Ein Hinweisschild ist vorhanden. Entlang des Weges laden weiches Moos und Gras zum Picknick ein.

Vom Wanderparkplatz weiter über Holsthum nach Wolsfelderberg und über die B 257 zurück nach Bitburg.

Tour 22

Wo die Römer Kupfer aus dem Berg holten

Wanderung von der Burg Ramstein bei Kordel über die Putzlöcher zu den Wasserfällen des Butzerbaches

Von Bitburg über die B 51 Richtung Trier. Etwa 15 km hinter Bitburg am Kloster links abbiegen in Richtung Welschbillig und dann der Ausschilderung nach Kordel folgen. Dort durch den Ort hindurch (nicht über die Kyllbrücke!) und der Beschilderung zur Burg Ramstein folgen. Nach etwa 2 km liegt auf der rechten Seite der Wanderparkplatz. Der Beschilderung zu Fuß bis zum Hotel folgen. Hinter ihm liegt die Burgruine.

Burg Ramstein

Im Jahr 1689, also vor rund 300 Jahren, wurde die Burg von französischen Truppen in die Luft gesprengt. Übrig geblieben ist als Ruine nur noch der Wohnturm. Wenn ihr im Turm steht, könnt ihr 25 m hoch bis in das ehemalige Dach sehen. In den Wänden sind merkwürdige, viereckige Löcher. Könnt ihr euch vorstellen, wozu die einmal gedient haben? Achtet darauf, in welchen Abständen die Löcher voneinander und vom Boden zu sehen sind! Vielleicht kommt ihr dann darauf. Außerdem könnt ihr an verschiedenen Wänden und auf verschiedenen Etagen die ehemaligen offenen Kamine noch erkennen. Die Kamine wurden nicht in jedem Raum und auf jeder Etage gebaut. Man nutzte nämlich die Wärme des Nachbarzimmers mit. Der Raum beispielsweise, durch den nur der Schacht des Kamins im unteren Stockwerk ging, wurde so mit einer Art Wandheizung beheizt. Gebaut wurde die Burg übrigens vor ungefähr 600 Jahren.

▲ In den Löchern steckten früher Deckenbalken

Weiter geht die Wanderung vom Hotel aus ein Stück die geteerte Zufahrtsstraße entlang. Auf der Höhe eines anderen Gasthauses biegt die Teerstraße nach links ab. Jetzt aber rechts abbiegen und der Beschilderung „Putzlöcher, Butzweiler" folgen. Nach etwa 100 m gabelt sich der Weg erneut, später stoßen die Wege wieder aufeinander. Der rechte Weg ist schmaler und schöner, der linke Weg vielleicht für Kinderwagen besser geeignet. Bald stößt man auf die so genannten Putzlöcher. Diese Löcher, eigentlich Schächte, sind Reste eines von den Römern angelegten Kupferbergwerkes. Auf mehreren Felsetagen sind überall Kanaldeckel – große Löcher, die wie Brunnenschächte aussehen – zu finden. Durch diese engen Rundschächte mussten die Römer klettern, um das Kupfer aus dem Berg zu holen. Kupfer ist ein chemisches Grundelement, ein zähes und dehnbares Schwermetall, das schon 500 Jahre vor Chr. von den Ägyptern verarbeitet wurde. Die Römer brauchten Kupfer, um daraus durch Mischung mit Zinn Bronze herzustellen. Aus Bronze wurden z. B. die Rüstungen der höhergestellten Offiziere gefertigt. Aus Kupfer und Bronze wurden aber auch Waffen, Werkzeuge und Haushaltsgegenstände, wie z. B. Lampen geschmiedet.

Bald kommt eine weitere Gabelung. Rechts ab führt ein Pfad zu den „Wasserfällen“ (Schild). Für diesen Pfad braucht man allerdings schon fast Urwald-Expeditionserfahrung. Er ist schmal, geht zuweilen steil bergab und ist streckenweise von Brombeeren, Brennesseln und Büschen überwuchert. Wenn man den Weg fast ganz hinabgeklettert ist, ist das Schlimmste überstanden. Jetzt geht der Weg eben weiter, immer ein Stückchen oberhalb des Butzenbaches. Bald führt links ein Stichweg zum Bachbett herab.

Hier sind die „Wasserfälle“, die eigentlich eher Stromschnellen oder Bachabschnitte mit natürlichen Felsstufen sind. Zurück zum Hauptweg und nach kurzer Zeit über eine Brücke auf die andere Bachseite. Vielleicht mag einer durch den Bach auf die andere Seite waten oder nur die Füße hineinhängenlassen und eine Pause machen. Nun dauert es nicht mehr lange, und der Parkplatz ist wieder in Sicht. So kurz vor dem Ziel sollte man noch einmal den Blick auf die Erde lenken: Sie ist auffallend rot und typisch für den Buntsandstein dieses Kyllabschnitts.

Heißgewanderte Füße kann man gut im Wasser kühlen

Tour 23

Kanuten im Wildwasser

Eine kleine Wanderung entlang der Irrel mit ihrem Wildwasser. Dabei kann man Kanuten beim Manövrieren durch die Stromschnellen zuschauen.

Von Bitburg über die B 257 in Richtung Luxemburg bis Irrel. In Irrel der Ausschilderung nach Prümzurlay folgen, hinter der Brückenunterführung am Ortsausgang von Irrel ist auf der linken Seite ein Wanderparkplatz auf einer Wiese.

Der Wanderweg führt am Ufer der Prüm in Richtung Prümzurlay entlang. Noch fließt die Prüm ruhig daher. Schon bald aber weisen die ersten Felsbrocken im Wasser auf die Stromschnellen (noch 1 km) hin. Obwohl die Rede von einem Wasserfall ist, ist eigentlich nur ein Wildwasserabschnitt vorhanden. Der aber hat es in sich! Aus weiter Entfernung kommen Kanusportvereine hierher, um hier zu trainieren.

Kanusport in der Eifel

▲ Stromschnellen der Prüm

Dort, wo die Stromschnellen am stärksten sind, führt eine Holzbrücke über die Prüm. Im Bereich hinter der Brücke könnt ihr (vorsichtig) zwischen den riesigen Felsblöcken im Uferbereich herumklettern. Vielleicht steigt ihr mit Gummistiefeln oder nackten Füßen in einen der vielen Felsenpools. Oder ihr sonnt euch einfach auf einem großen Fels und betäubt eure Ohren mit dem Brausen des Wassers. Dabei könnt ihr den Kanuten beim Manövrieren zuschauen. Nicht immer gelingt es den Kanuten, erfolgreich um die Felsen herumzusteuern, und sie werden ganz schön nass. Haltet mal eure Hände ins Wasser und fühlt, wie kalt es ist!

Weiter geht es über die Brücke. Wer mit Kinderwagen unterwegs ist, nimmt besser den zweiten Weg links hinter der Brücke, oberhalb des anderen Ufers zurück. Schöner ist der Weg direkt am Ufer der Prüm. Der Pfad führt am Rande des Abhangs entlang. Auch von hier aus lassen sich die Kanus gut beobachten. Später führt der Weg entweder über die Uferwiese oder etwas erhöht an einem Jugendcamp mit Indianerhütten vorbei. Am Wegesrand liegt noch ein Waldcafé, in dem man gut eine Pause einlegen kann. Nicht weit dahinter führt eine Brücke wieder über die Prüm, und nach einigen Metern links herum ist der Ausgangspunkt wieder erreicht.

Wer selbst Lust zum Kanufahren bekommen haben sollte, zwischen Diekirch und Echternacherbrück kann man die Sauer entlangpaddeln. Am

Campingplatz in Bollendorf kann man Kanus ausleihen. Für Personentransfer wird gesorgt.

Zum Kanufahren auf der gefährlichen Prüm bitte nachfragen bei den Verkehrsämtern Bitburg und Irrel (s. S. 179f), die Sie an die örtlichen kanuvereine weiterleiten können.

FELSENWEIHER, SCHWEINESTÄLLE UND TEUFELSSCHLUCHT BEI ERNZEN

EXTRAS

Schilder führen den Abhang hoch zum Felsenweiher. Der Weg ist allerdings schlecht abgesichert, und kleinere Kinder gehören hier an die Hand eines Erwachsenen. Rund um den Felsenweiher sind bizarre Felsformationen mit vielen Wegen und Stegen, Brücken und überhängenden Felsen zu sehen (Achtung: Es fehlen mittlerweile einige Geländer!). Da sich mittendrin eine Quelle befindet, hat man 1886 mit Hilfe von Zement das Ganze zu einem Weiher umgestaltet. Dafür musste ein Becken in den Felsen gesprengt werden.

Damals waren viele Eifeler arm und hatten kaum Arbeit. Viele wanderten nach Amerika aus, weil sie hier ihren Lebensunterhalt nicht mehr verdienen konnten. Der Dorfpfarrer Philipp Meyer hatte die Idee, seinen Mitbewohnern Arbeit zu verschaffen, indem er sie den Felsenweiher bauen ließ.

Vom Parkplatz aus geht noch ein Wanderweg zu den so genannten „Schweineställen“ ab. Sie sind nichts anderes als eine Felsschlucht am Rande des Ferschweiler Plateaus, in der schon in der Frühzeit die Menschen mit ihren Tieren Zuflucht vor Feinden und Schutz bei Unwettern gesucht haben. Es gibt allerdings auch eine etwas weniger spannende Deutung des Namens: Schweine sollen von den Bauern zur Eichel- und Bucheckernmast hier hinein getrieben worden sein. Der Weg zu den Schweineställen ist vom Parkplatz aus ausgeschildert. Zur Teufelsschlucht, einer spektakulären Schlucht mit hohen Felswänden, gelangt man von Ernzen aus (ausgeschildert). Für uns ist eine Wanderung durch die Teufelsschlucht eine der schönsten Wege, die man in der Eifel gehen kann. Die Erosion hat Gänge und Spalten in das Gestein gewaschen und der Weg ist ebenso spannend wie abwechslungsreich. Man geht durch schmale Gänge und an der Abbruchkante entlang. Immer der Blick auf ausgewaschene oder vermooste Felsbrocken! Da machen auch wanderunlustige Kinder gern mit! Ganz in der Nähe ist eine Naturerkundungsstation mit Ausstellungen zu Geologie, Archäologie, Flora und Fauna der Region, mit Führungen und Exkursionen, Gastronomie, einem Naturschutzweiher und einem Imkerhaus. Praktisch: In Ernzen und Ferschweiler (Gästehaus Dauwen) sind Jugendunterkünfte! Wer immer noch Lust hat, etwas zu unternehmen, dem sei ein Abstecher zur Liboriuskapelle empfohlen. Der „Ernzer Hof“ ist ein großer Bauernhof mit kleinem Gaststättenbetrieb. Um den Hof herum sind Weiden mit Ziegen, Ponys und Damwild. Für Kinder gibt es eine Schaukel und viel Platz zum Herumlaufen. Für Hungrige werden kleine Sachen wie Spiegeleier, Würstchen oder Butterbrote mit hausgemachter Wurst angeboten.

Gefährliches Terrain: Felsenweiher

Tour 24
Bergarbeiter, Einsiedler, Drachenflieger und Weinbauern

Ausflug an die Mosel, Einkauf bei Romika, Wein an der Ruwer, Bergort Fell, Piesport, Klausen

Ein sehr empfehlenswerter Ausflug zur Mosel führt von Bitburg aus über Kordel nach Trier Ehrang und dort über die Moselbrücke nach Ruwer. In Ruwer geht die Ruwerweinstraße ab. Zuvor kann man aber noch einen kleinen Abstecher zum Einkaufen zur Romika Fabrik mit Lagerverkauf machen. Das Werk liegt in einem Industriegebiet zwischen Trier Ruwer und Trier. Fährt man durch Ruwer in Richtung Trier weiter, gelangt man nach einem kleinen Stück durch freie Landschaft und unter einer Eisenbahnbrücke durch bald zu einem Gewerbegebiet. Hier links in die Rudolf-Diesel-Straße einbiegen und dann wieder links in die Carl-Benz-Straße. Am Ende der Straße liegt der Lagerverkauf.

Man kann hier Romika Schuhe, aber auch Schuhe bekannter Sportmarken sowie Sportbekleidung und Handtaschen günstig kaufen.

Zurück nach Ruwer und dort weiter auf die Ruwerweinstraße.

Die Weinlandschaft Ruwertal hat eine Weinbaufläche von ca. 300 ha, auf denen jährlich die Reben für rund 3 Mio. Flaschen Wein geerntet werden. Schon bald liegt rechts der Straße das berühmte Weingut Maximin Grünhäuser, bei dem man sich mit hervorragendem Wein versorgen kann. Es gehört zu den Spitzenweingütern Deutschlands und bewirtschaftet 33 ha Weinbaufläche. Sein Besitzer Carl von Schubert wurde 1995 von der Jury des Wein-Guide-Deutschland zum „Winzer des Jahres" gewählt. Das Weingut findet sich seit Jahren in der DM-Liste der 100 besten Weingüter Deutschlands.

▲ Vielversprechende Weintrauben

Links ab geht es in den Ort Mertesdorf.

Gleich hinter dem Abzweig sieht man links die Wirtschaftsgebäude des Weingutes und auf der rechten Seite das Feinschmeckerlokal „Grünhäuser Mühle", das aber in der Regel nur abends auf hat. Fährt man noch ein Stückchen weiter den Berg hoch, kommt man zum Weingut Erben von Beulwitz mit dem Hotel Weis. Hier kann man gut gehobene bürgerliche Küche bekommen. Die Preise liegen um 10,- bis 20,- EUR für ein Hauptgericht. Der Wein des Gutes hat viele Auszeichnungen bekommen. An der Rezeption liegen die Verkaufslisten aus, und man kann gleich etwas probieren und mitnehmen.

Danach geht es wieder zurück, vorbei an der Grünhäuser Mühle zur Hauptstraße und weiter nach links.

Schon nach wenigen hundert Metern liegt hier links ein für Kinder besser geeignetes Lokal und Weingut, die „Karlsmühle". Vor dem Haus gibt es nämlich einen kleinen Spielplatz, ein Wassertretbecken, einen großen Garten und Kaninchen. Manchmal gibt es in der Karlsmühle am Abend auch Livemusik, am Mittag kann man gutbürgerlich essen. Von dem Guide Gourmet wurde das Weingut Karlsmühle als „eines der 14 weltbesten Weingüter" bezeichnet. Auch dieses Weingut steht seit einigen Jahren in der DM-Liste der 100 besten Weingüter Deutschlands. Die Lagen „Mertesdorfer Lorenzhöfer Mäuerchen" und die Lage „Mertesdorfer Lorenzhöfer Felslay" sind Einzellagen und befinden sich im Alleinbesitz von Peter Geiben.

Die Straße führt weiter in Richtung Waldrach. Am Ortsende geht es dann links ab auf die landschaftlich schöne Hunsrückstraße nach Thomm. Vor Thomm dann nicht links ab nach Schweich, sondern weiter zum Dorf und dann erst links ab in Richtung Fell. In Serpentinen führt die Straße zurück in das Moseltal. Vor Fell allerdings ist rechts ab im Wald das Bergwerk ausgeschildert.

Hier unbedingt abbiegen und zum Parkplatz des Schiefer-Bergwerks fahren. Zwei Anlagen liegen übereinander. Die große Grube kann man im Sommer besichtigen. Vor dem Eingang gibt es die Gelegenheit zum Imbiss. Unter dieser Grube ist das kleinere Stollensystem der Grube Barbara. Man hat aufgepasst, dass man sich nicht versehentlich trifft. Immerhin aber grenzen die Stollen fast aneinander, sie sind nur 4,5 m an der engsten Stelle versetzt. Die devonischen Schieferböden bieten ideale Standorte für Wein. Die Schieferplatten vervielfältigen nämlich die Sonnenstrahlung und speichern gleichzeitig noch die Hitze.

Alte Loren im Feller Bergwerk

Zwischen Fell und Thomm befindet sich der Grubenwanderweg, der auf einer Länge von ca. 7,5 km auf 10 Info-Ständen und 20 Schautafeln an zwölf Stollen vorbeiführend alles Wissenswerte zur Geschichte und Technik des Schieferbergbaus in der Gegend erklärt. Führungen für Gruppen möglich.

Von Fell aus geht es weiter zur Mosel, auf die man bei Longuich trifft. Dort geht es über die Brücke auf die linke Moselseite und weiter in Richtung Bernkastel-Kues durch Mehring und Ensch. Dann wieder über die Mosel auf die rechte Seite bei Thörnich und weiter geht es auf einer kleineren Straße vorbei an Weinbergen nach Trittenheim. Der nächste sich anschließende Ort ist Neumagen-Dhron.

Hier wurde ein römisches Grabmal in Form eines Schiffes voller Weinfässer entdeckt. Es ist verewigt in einem Standbild an der Kirche. Neumagen ist ein sehr netter Ort, mit liebevoll restaurierten alten Häusern.

Weiter geht es nach Piesport.

Auch Piesport mit seinen alten Bürgerhäusern ist sehr nett. Direkt an der linken Seite der Mosel das Weingut mit Kahnverleih Lehnert-Veit. Aber Achtung! Mit dem Kanu kommt man ordentlich ins Schaukeln, wenn ein Ausflugsschiff oder Lastkahn vorüber fährt! An der rechten Seite der Mosel (im Ort die alte Brücke nehmen!) steht die St. Michaels Kirche.

Von Piesport aus (linkes Moselufer) geht es nun über eine der schönsten Serpentinenstrecken hinauf zum Wallfahrtsort Klausen.

▲ Kanufahrten auf der Mosel

Man hat großartige Ausblicke auf die tief unten im Tal liegenden Moselschleifen. Oben auf der Höhe angekommen, ist links eine Zufahrt zu einem Aussichtspunkt ausgeschildert. Es lohnt sich sehr, den kleinen Abstecher zu machen. Mit etwas Glück kann man den Drachenfliegern aus Trier beim „Abflug“ in das Moseltal zuschauen. In der Kirche von Klausen kann man Krücken entdecken, die dankbare Wallfahrer zum Zeichen ihrer Heilung der Kirche geschickt haben. Sehr interessant ist die Einsiedlerklause, zu der man von der Kirche aus durch eine Seitenwand gelangt.

Von Klausen geht es entsprechend der Ausschilderung durch das Salmtal zurück nach Bitburg.

Extras

Trier

Keiner besonderen Erwähnung bedarf eigentlich, dass man von der Eifel aus unbedingt einen Ausflug in die alte Römerstadt Trier einplanen sollte. Trier ist die größte Einkaufsstadt, hat eine Universität und jede Menge Kulturangebote und Sehenswürdigkeiten. Zu den Wichtigsten gehören neben der 2.000 Jahre alten römischen Porta Nigra vor allem der Dom, die römische Palastaula (Basilika), die Barbarathermen, das Amphittheater und die Kaiserthermen. Die genannten Baudenkmäler wurden alle 1986 von der UNESCO zum Weltkulturerbe erklärt. Wichtig und bekannt sind daneben die Fußgängerzone mit dem Dreikönigenhaus aus dem 13. Jahrhundert (!) und dem Hauptmarkt mit dem Marktkreuz, dem Petrusbrunnen, der gotischen Kirche St. Gangolf, dem Ratsweinhaus zur Steipe aus dem 15. und dem roten Haus aus dem 17. Jahrhundert. Zu den wichtigen Museen gehören das Rheinische Landesmuseum, das bischöfliche Dom- und Dioezesanmuseum, die Domschatzkammer und das Geburtshaus von Karl Marx! Kinder interessiert vielleicht das Spielzeugmuseum oder das Wildgehege. Mit dem Römerexpress lässt sich das antike Trier bequem erkunden.

Freilichtmuseum Roscheider Hof

Wie alle Freilichtmuseen ein vielseitiger Spaß ohne trockene Belehrungen! Dargestellt wird die ländliche Kulturgeschichte des nordwestlichen Rheinland-Pfalz sowie des deutsch-luxemburgisch-lothringischen Dreiländerecks. Das ganze Jahr über wird durch eine Vielzahl von Veranstaltungen und Vorführungen ländlichen Handwerks ein tiefer Einblick in die Alltagskultur der Region geboten. Der Roscheider Hof wurde nicht von einem anderen Standort ins Museum geholt, sondern an seinem heutigen Standort erbaut, und er bildet somit die Keimzelle des Museums. Viele andere Gebäude kamen im Laufe der Zeit dazu. Von einer Schmiede über ein Rathaus bis zur Fachwerkkapelle. Ausstellungen gibt es zu vielen Themen, z. B. zu den Stichwörtern Backstube, Küche oder Frisörladen. Viele Sonderausstellungen und -aktionen, wie z. B. Schafscheren! Führungen und Rallyes für Gruppen. Außerdem gibt es noch ein Restaurant.

Sesselbahn Cochem

Die Sesselbahn führt von Cochem durch das Enderttal auf das Pinner Kreuz in 238 m Höhe. Vom Aussichtspunkt Pinner Kreuz aus, erreicht man in wenigen Minuten den Wild- und Freizeitpark Klotten. Möglich ist auch, noch weiter über den Rundwanderweg bis zum Moselort Klotten zu laufen und von dort aus mit der Fähre über die Mosel überzusetzen und am Cochemer Erlebnisbad wieder nach Cochem zurückzukehren.

Wildpark in Klotten, Spassbad, Bootfahren

Mit einheimischem Wild, Bären und Niederwild. Gaststätte und Spielplatz sind vorhanden.
Wenige Minuten vom Park entfernt, befinden sich der Märchenwald Klotten und die Bergstation der Sesselbahn von Cochem. In Cochem gibt es noch ein schönes Spaßbad und die Möglichkeit zum Schifffahren auf der Mosel. Cochem selbst ist in der Hauptsaison sehr stark besucht. Wer Moselromantik sucht, sollte lieber ein Stück die Mosel herauf oder herab fahren und durch einen der kleineren Orte bummeln.

Was es sonst noch gibt

Rund um Bitburg

Eifelpark Gondorf

▲ Bumperboote im Eifelpark

Der Eifelpark war ursprünglich nur ein Wildpark. Die Anlage liegt mitten im Wald, entlang der Schlucht an der Kyll und bietet gute Bedingungen für große Bären- und Wildschweinfreigehege. Es lohnt sich auf alle Fälle, den großen Rundgang zu machen. Er führt durch Kontaktgehege mit verschiedenen Reh- und Hirscharten, Mufflons, Steinböcken und Gemsen, Murmeltieren, Luchsen und Uhus. Manchmal umringen einen gleich 20 Tiere auf einmal, und man wünscht sich, man hätte mit der Verteilung des Wildfutters (an Automaten erhältlich) gar nicht erst angefangen! Ein bisschen unheimlich ist es im Herbst, wenn Brunftzeit ist. Die Hirsche und Böcke röhren dann laut, um ihr Revier zu verteidigen. Sie können in dieser Zeit auch ganz schön angriffslustig sein, und es empfiehlt sich dann, Abstand zu halten.

Am Weg liegt das „Haus der Natur“. Hier ist viel über den Wald, sein Leben und Sterben zu erfahren. Es gibt Schautafeln und Schaukästen, ausgestopfte Tiere und Bienenvölker zu sehen. An den Schautafeln befinden sich Klappen und Schieber, mit deren Hilfe man sich selbst die Antworten auf die in den Tafeln aufgeworfenen Fragen heraussuchen kann.

Am Parkeingang liegt ein großer Spielbereich. Der Kleinkinderspielplatz und Streichelzoo wirken ein bisschen abgeschoben neben dem Toilettenbereich. Eltern können hier ihre Kinder auf einem kleinen Riesenrad herumfahren. Der Antrieb erfolgt nämlich durch Fahrräder! Für Größere ist das Angebot besser: Immer frei ist eine Matte zum Rutschen auf der 6-bahnigen Wellenrutsche oder auf den selbst zu lenkenden Bumperbooten. Die größte Attraktion aber ist eine 600 m lange Sommerbobbahn, die man beliebig oft benutzen darf. Hoch fährt man mit dem „Trans-Rapid“, einer bequemen, offenen Schienenbahn mit einsitzigen Wägelchen. Buggys werden mittransportiert, kleinere Kinder kann man vor sich setzen. Dann geht es in Bobs, auf denen kleine Kinder von ihren Eltern mitgenommen werden dürfen, über zwei verschiedene Strecken den Berg hinab. Wer schon 8 Jahre oder älter ist, darf allein fahren.

Auf der Ebene der Bergstation befinden sich eine kleine Achterbahn, ein Turm, ein Kettenkarussel und eine kleine Schienenbahn. Im „Schlosspark" können kleine Kinder in Riesenhüpfburgen toben und mit Bahn und Boot fahren. Es gibt noch weitere, kostenpflichtige Angebote. Vorstellungen in der „Waldbühne" (Kasperle-Theater, Bauchredner u. ä.) sind allerdings im Eintrittspreis enthalten. Während der Saison fährt eine Bahn durch den Park. Natürlich ist der Park in der Sommersaison, vor allem in der Ferienzeit, sehr voll. Für eine Bobbahnfahrt muss man dann schon einmal 45 Minuten anstehen. Im Spätherbst und Winter sind einige Attraktionen geschlossen. Auch die Restaurants und Kioske sind dann zu. Dafür zahlt man aber viel weniger oder keinen Eintritt und hat die Tiere fast für sich allein. Außerhalb der Sommerferien gibt es Familiensonderpreise.

Römische Villa Otrang

Villa Otrang

Die Reste der römischen Anlage wurden erst 1823 bei Ackerarbeiten entdeckt. Anlässlich einer Besichtigung der Anlage durch den späteren preußischen König Friedrich Wilhelm IV. im Jahre 1838 wurde das Gelände von der preußischen Regierung übernommen. Kleine Schutzhäuschen wurden über den Ausgrabungen errichtet und ein Wärter zum Schutz und zur Pflege der Anlagen eingestellt. Die Schutzhäuschen sind immer noch die alten (Biedermeier-Stil) und inzwischen selber denkmalgeschützt.

Die Villa war Teil eines großen römischen Landgutes. Es gab einen Wirtschaftshof, ein Herrenhaus und einen Tempelbezirk. Vielleicht haben sich hier mehrere Familien zusammengetan und nach der Entlassung aus der Armee von ihren Sesterzen (römische Geldeinheit) das Gut gekauft. Leider haben die Archäologen im Bereich der Anlage nichts gefunden, was etwas über die früheren Bewohner erzählen könnte. So fand man z. B. keine Gräber, von denen die Forscher auf die Zahl der Bewohner und ihren Wohlstand hätten schließen können. Die mehrfach erweiterten Wohnflächen, die Zahl der beheizten Räume und der vielen kleinen Zimmer (vermutlich Schlafzimmer) lassen aber vermuten, dass hier mehrere Familien wohnten. Insgesamt konnten die Forscher 66 Zimmer aus verschiedenen Bauzeiten nachweisen. In der Anlage liegt eine kleine Gastwirtschaft mit Terrasse. Mehr von den Römern gibt es in der Nähe in Bollendorf, in Gerolstein und in Trier zu sehen.

Gaytal-Park und Windpark Koxhausen, Wasserkraftwerk Vianden, Burg Vianden

Ein interessantes neues Ziel, dessen Besuch nicht nur lehrreich ist, sondern auch viel Spaß macht, ist der Gaytal-Park in Körperich-Obersgegen. Hier ist ein Naturschutzzentrum mit Innen- und Außenbereich in großem Stil entstanden. Gesponsert und mitkonzipiert wurde es von der Allianz-Stiftung zum Schutz der Umwelt. Im Park wird der Bereich Südeifel als Lebens-, Wirtschafts- und Erholungsraum gezeigt. Die Charakteristika der Landschaft werden dargestellt. Ziele und Aufgaben eines Naturparks vermittelt. Dies geschieht allerdings nicht mittels trockener Lehrtafeln. Vielmehr wird ein abwechslungsreicher Mix von interaktiven Computerspielen, Dioramen, Schaubildern, Modellen, Großfotos und Tonbanderklärungen geboten. Kindern hilft die Raupe Bodo, alles zu verstehen. Das Gebäude ist unter Einbeziehung von Technik zur Gewinnung „regenerativer Energien“ gebaut (42 m^2 Solarzellen, 120 m^2 Sonnenkollektoren) und bietet Anschauung vor Ort. Im und um das Haus finden viele Veranstaltungen statt, vom Kinderfest in den Sommerferien bis zum Bauernmarkt (Sommer und Herbstbeginn). Tagesausflüge, Exkursionen, Workshops, Wanderungen, Bildungsurlaube (als Lehrerfortbildung und außerschulischer Lernort anerkannt); zahlreiche Vorträge und Kinderführungen werden regelmäßig angeboten.

Das Außengelände ringsum ist riesig und wird mit immer weiteren Stationen ausgebaut. Im Haus ist eine kleine Cafeteria. Thematisch passend kann man den Besuch des Gaytal-Parks noch ergänzen durch eine Fahrt zum nahegelegenen Windpark Koxhausen und zum Pumpspeicherkraftwerk in Vianden. Nicht nur in Koxhausen sondern überall im Bitburger Land kann man die großen Windtürme sehen. Wer Interesse an einer Führung und weiterführenden Infos hat, kann sich bei der Deutschen Gesellschaft für Windenergie informieren.

Ebenfalls lohnenswert ist es, mit der Seilbahn zur Burg Vianden hoch zu fahren und den weiten Blick ins Land zu genießen. Die Burg kann man besichtigen!

Bollendorf

Bollendorf liegt zwischen dem Flüsschen Sauer und dem Ferschweiler Plateau. Es lässt sich gut am Flussufer entlangschlendern und einkehren. Außerdem kann man auf halber Höhe im Ort die Villa bollana ansehen. Bei schönem Wetter bietet es sich an, zwischen den Mauerresten aus dem 8. Jahrhundert zu picknicken und den im Sonnenschein umherflitzenden Eidechsen zuzusehen. Ganz in der Nähe befindet sich auch das 1619 aus einer Burg umgebaute Barockschlösschen. Heute beherbergt es ein Hotel mit einem Café im Innenhof.

Schloss Malberg in Malberg bei Kyllburg

Urkundlich erwähnt wurden zwei Burgen in Malberg erstmals 1008. Im Laufe der Jahrhunderte entwickelte sich daraus die heute noch gut erhaltene Schlossanlage. Daran fügt sich ein weitläufiger Garten an.

Ausflug nach Luxemburg

Nicht nur zum günstigen Tanken lohnt sich der Abstecher nach Luxemburg. Zur Hauptstadt ist es nicht weit. Hier kann man wunderbar einkaufen, in der alten Innenstadt oder im modernen Supermarkt „Auchan" außerhalb – es gibt allein eine 10 Meter lange Fischtheke, französiche Brote und Pasteten, Gemüse und Spezialitäten. Der Supermarkt ist in einem Einkaufszentrum mit vielen weiteren Geschäften und ein gutes Ausflugsziel für Einkaufsfans an einem Regentag. In der Stadt selbst kann man natürlich auch vieles ansehen und besichtigen. Besonders in den alten Kasematten der Befestigungsanlage herumzulaufen macht auch Kindern Spaß!

Echternach ist bekannt wegen der Springprozession, die hier an Pfingsten alljährlich stattfindet. Man kann aber auch gut ein bisschen bummeln und französiche Lebensmittel probieren. Auch in Echternach kann man gut einkaufen und natürlich die berühmte Wallfahrtskirche St. Willibrord besichtigen. Sehr gute Infos zur Wallfahrt und zum Leben des heiligen Willibrord gibt die Internetseite der Kirche.

Landschaftlich wunderbar ist das Mullerthal gleich östlich von Echternach. Man kann eine kleine Rundfahrt durch die Landschaft mit uralten, moosüberwucherten Steilhängen machen!

Alle Infos über die Verkehrsämter ab S. 179

TOUR 19

Bitburg www.bitburg.de
Stadtrundgang mit dem archäologischen Rundweg, Dauer 1,5 Stunden, buchbar bei der Tourist Information unter Tel.: 06561-94340. Ebenfalls im Angebot: Römische Stadtführung, Planwagenfahrten, Schnapsproben, Tagesfahrten nach Trier und viele Pauschalreisen.

Airbase Spangdahlem www.spangdahlem.af.mil
52. Jagdgeschwader / Public Affairs / Büro für Öffentlichkeitsarbeit: Tel.: 06565-616434
Presse- und Informationsbüro, Tel.: 06565-614253

Coyote Café Bitburg www.coyote.de
Trierer Straße 11 / 54634 Bitburg / Tel.: 06561-6049160 / **Öffnungszeiten:** täglich ab 11 Uhr, Küche durchgehend bis 23 Uhr, Stammessen täglich 11-15 Uhr

Eissporthalle und Fun Park www.eissporthalle-bitburg.de
Südring 10 / 54634 Bitburg / Tel.: 06561-8447, Fax 06561-12647, eissporthalle-bitburg @t-online.de / **Öffnungszeiten Eissporthalle:** Oktober–April: Mo-Fr 8.30-12.30, Di, Do 14-18 Uhr, Mi, Fr, Sa 14-22 Uhr, So 10-18 Uhr
Öffnungszeiten Fun-Park: Mi 15-19 Uhr, Fr 15-20 Uhr, So, Fei 13-20 Uhr
Schulen und Gruppen können den Fun-Park auch außerhalb der regulären Öffnungszeiten nach vorheriger Vereinbarung besuchen. Bitte nicht vergessen: Inline-Skates, Skateboards, Sportbekleidung und Schutzausrüstung mitbringen!

Cascadebad www.cascade-bitburg.de
Talweg 4 / 54634 Bitburg / Tel.: 06561-96830
Öffnungszeiten: Freibad von Mitte Mai–Mitte September: Mo-Fr 10-19 Uhr, Sa, So, Fei 9-19 Uhr. Hallenbad: Di-Fr 10-22 Uhr, Sa, So, Fei 9-22 Uhr. Saunawelt: Mo-Fr 10-22 Uhr, Sa, So, Fei 9-22 Uhr

Kreismuseum Bitburg-Prüm www.kreismuseum-bitburg-pruem.de
Trierer Straße 15 / 54634 Bitburg / Tel.: 06561-683888, Fax: 06561-683889, info@kreismuseum-bitburg-pruem.de
Öffnungszeiten: täglich außer Di 14-17 Uhr, April–September: Mo, Mi, Fr 10-13 Uhr, Januar, Februar: Sa, So 14-17 Uhr, Gruppen zusätzlich nach Vereinbarung

Kulturzentrum Haus Beda
Bedaplatz / 54634 Bitburg / Tel.: 06561-96450, Fax 06561-964520, haus.beda@t-online.de
Die Fritz von Wille Sammlung kann dienstags von 14-17 Uhr und auf Anfrage unter vorheriger telefonischer Anmeldung unter o. a. Telefonnummer besichtigt werden.

Hallen-Kart-Bahn www.kartbahn-bitburg.de
54634 Flugplatz Bitburg / Tel.: 06561-942000, Fax: 06561-942002
Öffnungszeiten: Mo-Fr 15-23 Uhr, Ferien 13-23 Uhr, Sa, Ferien 13-23 Uhr, So, Fei, Ferien 11-23 Uhr

Bitburger Brauerei www.bitburger.de
Römermauer 3 / 54634 Bitburg / Tel.: 06561-142497
Besichtigung nach Voranmeldung Mo-Do, dabei gibt es eine Führung, einen Unternehmensfilm und einen Umtrunk. Das neue Produktionshaus ist im Gewerbegebiet (Richtung Mötsch, nahe Eishalle).

TOUR 20

Burg Dudeldorf www.burg-dudeldorf.de
Teneka Beckers, Ulrich Schneider / Burg Dudeldorf / 54647 Dudeldorf
Tel.: 06565-933446, Fax: 06565-933447, mail@burg-dudeldorf.de
In der Burg sind neue Eigentümer und seitdem ist sie teilweise für Besucher zugänglich, dies gilt für Veranstaltungen.

Torschänke www.torschaenke-dudeldorf.de
Phillipsheimerstraße 1 / 54647 Dudeldorf / Tel.: 06565-2024, Fax: 06565-931019
Öffnungszeiten: So-Do, Fr 11.30-15, 18-1 Uhr, So-Mi, Fr 18-1 Uhr

Vitellius-Bad Wittlich (Hallenbad/Freibad) www.wittlich.de
Im Sportzentrum Wittlich / Tel.: 06571-6088
Das Hallenbad ist an Heiligabend und am 1. Weihnachtsfeiertag ganztägig sowie an Silvester ab 13 Uhr geschlossen.
Öffnungszeiten: Hallenbad, Mo 7-15 Uhr, Di (Warmbadetag, 30° C) 7-20 Uhr, 20-21.30 Uhr nur für Damen, Mi (Warmbadetag, 30° C) 7-18.30 Uhr, 20-21.30 Uhr, Do 7-18.30 Uhr, Do-Sa 14.30-17 Uhr Kinderspielnachmittag, Fr 7-21.30 Uhr, Sa 8-18.30 Uhr, So, Fei 8-16 Uhr. Während der Freibadöffnung ist das Hallenbad geschlossen.
Freibadsaison: Mitte Mai–Mitte September. Bei ungünstiger Witterung wird das Freibad vorzeitig geschlossen.
Öffnungszeiten: Freibad, Mo 10-20 Uhr, Di-Fr 7.30-20 Uhr, Sa, So, Fei 8-20 Uhr

Himmerod www.kloster-himmerod.de
Kirche, Einkehrtage und Urlaub im Kloster, Mühle für Veranstaltungen und Ausstellungen, Buchhandlung, Gastronomie.
54534 Großlittge / Tel.: 06575-9513-0, Fax: 06575-9513-20
Öffnungszeiten Pforte: Mo-Fr 9-11.30, 14.30-17.30, 20.30 Uhr,
Sa 9-11.30, 14.30-16.45, 20-20.30 Uhr, So 11-12, 14.30-16.45, 20-20.30 Uhr
Klosterführung nach Vereinbarung

Indoor-Kartbahn Wittlich www.karthalle-wittlich.de
Otto-Hahn-Straße 17 im Industriegebiet / Tel.: 06571-969494
Öffnungszeiten: Di-Sa 11-22 Uhr, So 10-22 Uhr, Mo geschlossen

TOUR 21

Hopfengärten
Familie Dick / Tel.: 06523-464
Besichtigung ab 7 Personen nach Vereinbarung ab 01. März–31. Oktober täglich möglich.

TOUR 22

Buntsandsteinbrüche www.tit.de
Infos zu Führungen bei der Tourist Information Trierer Land, Tel.: 0651-978080

TOUR 23

Hallenbad Irrel
Auf Omesen / 54666 Irrel / Tel.: 06525-79170
Öffnungszeiten: Mo 15-22 Uhr, Di 17-19.30, 19.30-21 Uhr (Frauenschwimmen), Mi 17-19 Uhr, Do 17-20 Uhr, Fr 15.30-18 Uhr, Sa 14-18 Uhr, So, Fei 9.30-12.30 Uhr

Naturerkundungsstation Teufelschlucht auf dem Ferschweiler Plateau
www.teufelsschlucht.de
Naturerkundungsstation Teufelsschlucht / Ferschweilerstraße 50 / 54668 Ernzen
Tel.: 06525-933930, Info@teufelsschlucht.de
Besucherzentrum Tel.: 06525-933936 / Besucherzentrum mit Bistro „Teufelsküche", **Öffnungszeiten:** täglich 11-18 Uhr

Kanufahren auf der Sauer www.camping-altschmiede.de
Infos bei: Camping Altschmiede / 54669 Bollendorf / Tel.: 06525-375

Kanufahren auf der Mosel
Kanu-Verleih: Mosel Tours / Königstraße 3 / Tel.: 06532-94320
Piesport / E. Welter / Römerstr. 38 / Tel.: 06507-5558
Traben-Trarbach / Hotel Bellevue / An der Mosel / Tel. 06541-7030, nur an Hausgäste

TOUR 24

Fabrikverkauf bei der Fa. Romika www.romika.com
Karl-Benz-Straße 8 / 54292 Trier / Tel.: 0651-2040, Fax: 0651-204311
Öffnungszeiten: Mo-Fr 9.30-17.30 Uhr, Sa 9.30-13 Uhr

Von Schubert'sche Schlosskellerei Maximin Grünhaus www.vonschubert.com
Grünhaus bei Trier / 54318 Mertesdorf / Tel.: 0651-5111, Fax: 0651-52122
info@vonschubert.com

Weingut Weis www.hotel-weis.de
Eitelsbacherstraße 4 / 54318 Mertesdorf / Tel.: 0651-95610, Fax: 0651-9561150
Info@hotel-weis.de

Weingut Karlsmühle www.weingut-karlsmuehle.de
Peter Geiben / Im Mühlengrund 1 / 54318 Mertesdorf
Tel.: 0651-5124, Fax: 0651-5610296
anfrage@weingut-karlsmuehle.de

Hotel-Restaurant Karlsmühle www.karlsmuehle.de
Im Mühlengrund 1 / 54318 Mertesdorf / Tel.: 0651-5123, Fax: 0651-52016,
info@karlsmuehle.de

Besucherbergwerk Fell www.besucherbergwerk-fell.de
Kirchstraße 43 / 54341 Fell
Tel.: 06502-988588 (Sommer), 06502-994019 (Winter) bergwerk-fell@t-online.de
Öffnungszeiten: 01. April–01. November: täglich 10-18 Uhr, letzter Einlass: 17 Uhr, Dauer der Führung: eine Stunde. Größere Gruppen bitte anmelden.

Landgasthof Alt Piesport
Ausoniusufer / 54498 Piesport / Tel.: 06507-6506

Trier
Informationen zu allen Baudenkmälern, Veranstaltungen und Einrichtungen der Stadt Trier erhält man bei der Tourist Information der Stadt Trier / Tel.: 0651-44759

Roscheider Hof www.roscheiderhof.de
Volkskunde und Freilichtmuseum Roscheider Hof e.V. / 54329 Konz,
Tel.: 06501-92710, Fax: 06501-927111 / info@RoscheiderHof.de
Öffnungszeiten: Di-Fr 9-18 Uhr, Sa, So, Fei 10-18 Uhr, letzter Einlass eine Stunde vor Schließung, über Weihnachten und Neujahr geschlossen

Moseltherme in Traben Trarbach
Wildsteiner Weg / 56841 Traben Trarbach / Tel.: 06541-8303-0
Öffnungszeiten: Mo-Fr 9-21 Uhr, Sa, So, Fei 9-18 Uhr

Moselbad Cochem www.moselbad.de
Moritzburgerstraße 1 / 56812 Cochem / Tel.: 02671-97990, Fax: 02671-979922
info@moselbad.de
Öffnungszeiten: Hallenbad Di 9-22 Uhr, Mi-Fr 10-22 Uhr, Sa, So 10-19 Uhr,
Freibad täglich 10-19 Uhr

Sesselbahn Cochem www.cochemer-sesselbahn.de
Cochemer Sesselbahn / Endertstraße 44 / 56812 Cochem/Mosel
Tel.: 02671-989063, Fax: 02671-989064 / Cochemer.sesselbahn@t-online.de
Öffnungszeiten: täglich von April bis Mitte November

Wildpark Klotten www.freizeitpark-klotten.de
56818 Klotten / Gebr. Hennes / Tel.: 02671-7660, Fax: 02671-5652
info@freizeitpark-klotten.de
Öffnungszeiten: täglich 9-18.30 Uhr von Mitte April bis Mitte November, geänderte Öffnungszeiten während der Ferien.

Was es sonst noch gibt – rund um Bitburg:

Eifelpark Gondorf www.eifelpark.de
Eifelpark GmbH & Co.KG / 54647 Gondorf / Tel.: 06565-956633, Fax: 06565-956644
Nach telefonischer Verabredung Anmietung von Gesellschaftsräumen, Grillplätzen und Schulausflugsprogramm möglich. / Info@eifelpark.de
Öffnungszeiten: Ab etwa Ostern–Mitte Oktober: täglich 9.30-17 bzw. 18 Uhr je nach Einbruch der Dunkelheit. Außerhalb der Saison und ggfs. ein paar Wochen im April (nachfragen!) ist nur der Wildpark geöffnet.

Römische Villa Otrang
Fließem bei Bitburg (5 km) / Tel.: 06569-807
Öffnungszeiten: 01. April–30. September: täglich 9-18 Uhr, 01. Oktober–31. März: täglich 9-17 Uhr. Am 1. Werktag einer jeden Woche sowie Dezember und Januar geschlossen.

Gaytalpark www.gaytalpark.de
54675 Körperich-Obersgegen / Tel.: 06566-96930, Fax: 06566-933875
Öffnungszeiten: 01. März–31. Oktober: täglich 11-18 Uhr,
Gruppen auf Anfrage auch außerhalb der Öffnungszeiten

Windenergie www.wind-energie.de
Bundesverband WindEnergie e.V. / Bundesgeschäftsstelle Osnabrück
Tel.: 0541-350600

Burg Vianden www.castle-vianden.lu www.tourist-info-vianden.lu
Les Amis du Château de Vianden / L-9401 Vianden
Tel.: 00352-834108-1, Fax: 00352-849284
Öffnungszeiten: 02. Januar–28. Februar: 10-16 Uhr, März 10-17 Uhr,
April–September: 10-18 Uhr, Oktober: 10-17 Uhr, November, Dezember: 10-16 Uhr.
Geschlossen am 01. Januar, 01. November und 25. Dezember

Seilbahn Vianden
39, rue du Sanatorium / Tel.: 00352-834323
Öffnungszeiten: Ostern–Oktober: 10-17 Uhr, im Sommer 18 Uhr
Vor- und Nachsaison Mo geschlossen

Schloss Malberg
Öffnungszeiten: auf Anfrage. Infos unter Tel.: 06563-9302-43, -44

Ausflug nach Luxemburg:
Infos beim Verkehrsamt Echternach und beim Verkehrsamt der Stadt Luxemburg

Echternacher Springprozession
und Wallfahrtskirche St. Willibrord mit Museum www.willibrord.lu
Kirchengemeinde / Postfach 40 / L-6401 Echternach
Tel.: 00352-720149, Fax: 00352-727296

Herzögliches Schloss in Luxemburg/Stadt
Nur per Führung möglich von Mitte Juli–Ende August:
Fr-nachmittags und Sa-morgens. Auskunft im Fremdenverkehrsbüro

Bock Kasematten in Luxemburg/Stadt
Montée de Clausen / Tel.: 00352-222809
Führungen: Tel.: 00352-4796-2709, Fax: 00352-474818
Öffnungszeiten: März–Oktober: täglich 10-17 Uhr

Pétrusse Kasematten in Luxemburg/Stadt
Öffnungszeiten: Ostern, Pfingsten und während der Schulferien:
geführte Touren täglich von 11-16 Uhr

Jahreskalender

Ganzjährig findet an jedem 1. und 3. Donnerstag im Monat einer der berühmtesten Viehmärkte Deutschlands in Hillesheim statt. Außerdem gibt es noch in vielen anderen Marktorten regelmäßige Vieh- und Krammärkte.

JANUAR

Weihnachten bis 06. Januar Sternsingen in fast allen Orten

FEBRUAR

- Karnevals Samstag traditioneller Geisterzug in Blankenheim
- Karnevals Sonntag bis Dienstag Karnevalsumzüge in vielen Orten der Eifel
- Samstag nach Fastnacht Winteraustreibung (Abbrennen von Burgen, Kreuzen und Rädern aus Stroh) in verschiedenen Orten der Südeifel

Ostern

- Gründonnerstag bis Osternacht Klappern der Kinder in den Straßen in vielen Dörfern der Eifel
- Ostersamstag bis Weißer Sonntag Jahrmarkt anno dazumal im Freilichtmuseum Kommern
- Ostersonntag und -montag Ostermarkt auf Burg Satzvey
- Osterkirmes mit traditioneller Pferdesegnung am Ostermontag in Steiningen bei Daun
- Ostermontag traditionelle Eierlage (Eierlauf) z. B. in Schönecken, Bollendorf und Neroth

APRIL

- 30. April: Hexenfest und Walpurgisnacht auf Burg Satzvey
- Maifeier mit vorherigem Eiersammeln und Versteigerung der Maimädchen in Nettersheim Marmagen
- Maisingen in Nettersheim Holzmühlheim

MAI

- 01. Mai: Maiumzug in Nettersheim Marmagen
- St. Georgsritt in Kalmuth bei Mechernich
- Maibaumsetzen in vielen Dörfern der Eifel

Pfingsten

- Pfingsten und Wochenende davor und danach Ritterfestspiele der Renaissance um 1531 auf Burg Satzvey
- Pfingstsamstag bis -montag Weinmarkt der Ahr in Ahrweiler
- Pfingstsonntag Pfingstsingen in Nettersheim Tondorf
- Pfingstsonntag und -montag Burgfest in Eicks bei Mechernich
- Sonntag nach Pfingsten Frühjahrsmarkt in Simmerath

JUNI

- Anfang Juni bis August Burgfestspiele mit Theaterproduktionen (auch Kindertheater) auf der Freilichtbühne auf der Genovevaburg in Mayen
- Wochenende nach dem 24. Juni Eifeler Landkirmes in Simmerath

JULI

- Europäisches Folklorefestival in Bitburg
- Anfang Juli (9 Tage) Krammarkt anlässlich der Wallfahrtsoktav in Heimbach
- 1. Wochenende Sommerfest mit Entenrennen in Nettersheim / Pesch
- 3. Samstag Rurseefest mit Riesenvolksfest und Feuerwerk (Rursee in Flammen)

Jahreskalender

AUGUST

- 1. Wochenende Seenachtsfest in Blankenheim
- 1. Wochenende Stauseefesttage mit Großfeuerwerk bei Bitburg
- 1. Wochenende Kunsthandwerkermarkt in Kelberg
- um den 10. August Laurentiuskirmes und -markt in Daun
- 3. Wochenende traditionelle Säubrenner-Kirmes in Wittlich
- 3. Wochenende Historisches Weinfest in Bad Neuenahr Heimersheim
- letztes Wochenende Ritterfestspiele des Mittelalters um 1230 auf Burg Satzvey
- letztes volles Wochenende Historisches Burgfest in Manderscheid
- alle 2 Jahre am letzten Wochenende Historischer Handwerkermarkt in Monreal
- im August oder September Sprudelfest in Gerolstein

SEPTEMBER

- 1. Wochenende Europamarkt der Kunsthandwerker in Aachen
- 1. Wochenende Winzerfest in Ahrweiler
- 1. und 2. Wochenende Ritterfestspiele des Mittelalters um 1230 auf Burg Satzvey
- 2. Wochenende Weinmarkt und Altstadtfest in Ahrweiler
- 3. Sonntag Burgfest mit historischem Jahrmarkt auf Burg Reifferscheid bei Hellenthal
- Ende September/Anfang Oktober (alle 2 Jahre) Erntedankfest mit historischem Erntedankzug in Blankenheim

OKTOBER

- Ende der Herbstferien Herbstmarkt in Simmerath
- 1. Wochenende Kirmes mit Umzug von Ärzebär und Königin in Nettersheim Frohngau
- ab Samstag um den 18. Oktober (9 Tage) Lukasmarkt und -kirmes in Mayen
- vorletztes Wochenende Historischer Jahrmarkt in Mechernich / Kommern

NOVEMBER

- 11. November Martinsfest mit Martinsfeuer in vielen Dörfern
- Samstag vor Totensonntag bis kurz vor Weihnachten Weihnachtsmarkt in Aachen

DEZEMBER

- an den 4 Adventswochenenden Weihnachtsmarkt mit Krippenspiel in Monschau
- 1. Adventswochenende Traditioneller Töpfermarkt im Töpfereimuseum in Langerwehe
- 1. Adventswochenende Printenmarkt im Freilichtmuseum Kommern
- 1., 2. und 3. Wochenende Historische Burgweihnacht auf Burg Satzvey
- außerdem gibt es noch in vielen anderen Städten und Gemeinden schöne Weihnachtsmärkte!

Eifel zu Pferd:

Bei einer Rundfahrt in der Eifel fällt schnell auf, dass viele Wiesen von typischen Pferdezäunen eingegrenzt sind. Immer mehr Koppeln entstehen da, wo früher noch Kühe weideten. Pferdeurlaub in der Eifel ist inzwischen in vielfältiger Art und Weise möglich: Es gibt Ponyhöfe nur für Kinder, Höfe mit Pferden und Ferienwohnungen oder Pensionszimmern, teils mit, teils ohne Kinderbetreuung. Man kann an einem Hof Reitstunden nehmen oder Ausritte machen und wohnt woanders. Schließlich kann man, nach Wunsch mit dem eigenen Pferd, von Unterkunft zu Unterkunft auf dem Pferderücken die gesamte Eifel durchqueren.

Eifel mit dem Rad:

Für Mountainbiker war die Eifel schon immer interessant, genauso wie für die, die sich für die Tour de France inklusive Bergetappen vorbereiten wollten. Normale Menschen hatten so ihre Probleme, denn nach dem Bergab kommt in der Eifel garantiert auch ein Bergauf. Inwischen ist es für alle und damit insbesondere auch für Familien mit Kindern etwas leichter geworden: Viele alte Bahnstrecken wurden, da stillgelegt, zu interessanten Fahrradstrecken umgebaut. Für die, die Steigungen nicht scheuen gibt es inzwischen eine Vielzahl ausgeschilderter Rundstrecken.

Bauernhöfe:

Schaut man sich in den Dörfern um, wird man feststellen, dass viele Kleinbauern inzwischen ihre Landwirtschaft aufgegeben haben und stattdessen lieber im Baumarkt der Kreisstadt mit geregelten Arbeits- und Urlaubszeiten tätig sind. Die Landwirtschaft bleibt eher den rentableren Aussiedlerhöfen außerhalb des Ortskerns überlassen. Aufgrund der schlechten Bodenqualität in der Eifel wird überwiegend Milchwirtschaft betrieben und weniger Ackerbau. Natürlich gibt es auch Äcker, hier wird vor allem Viehfutter angebaut.
Inzwischen haben sich in der Eifel auch viele Biobauernhöfe etabliert oder Anbieter von Nischenprodukten wie Ziegenkäse. Viele Bauern bieten auch Ferienwohnungen, Restauration und Ab-Hof-Verkauf. Alles interessante Erlebnisse für Familien mit Kindern.

Ausführliche Prospektunterlagen gibt es bei:
NatUrlaub auf Winzer- und Bauernhöfen e.V. / Schmittbachstr. 15 / 55469 Simmern / Tel.: 06761-908111 / Fax: 06761-908112 und bei:
NatUrlaub bei Freunden Gemeinschaftsprojekt
Prospekt erhältlich bei der Eifel-Tourismus GmbH in Prüm, Tel.: 06551-96560 und bei der Eifel-Agentur NRW e.V. in Bad Münstereifel, Tel.: 02253-922222

Weitere Tipps geben auch alle anschließend genannten Verkehrsämter:

Verkehrsämter und Infozentren A-Z

Den besten Überblick gibt www.eifel.de

Deutsch-Belgischer Naturpark
Hohes Venn-Eifel / Tiergarten Straße 70
54595 Prüm / Tel.: 06551-985755
Fax: 06551-985519
Sektion Nettersheim / Tel.: 02486-911117, Fax: 02486-911116
www.naturpark-hohesvenn-eifel.de

Eifel Tourismus GmbH
Kalvarienbergstraße 1 / 54595 Prüm
Tel.: 06551-96560
Fax: 06551-965696
info@eifel.info
www.eifel.info

Verkehrsverein Bad Aachen
Friedrich-Wilhelm-Platz
52062 Aachen
Tel.: 0241-18029-60
Fax: 0241-18029-30
info@aachen-tourist.de
www.aachen-tourist.de

Tourist-Information
Hocheifel/Nürburgring
Kirchstraße 15 / 53518 Adenau
Tel.: 02691-30516 / Fax: 02691-30518
info@hocheifel-nuerburgring.de
www.hocheifel-nuerburgring.de

Verbandsgemeinde Altenahr
Verbandsgemeindeverwaltung Altenahr
Roßberg 3
53505 Altenahr
Tel.: 02643-8090 / Fax: 02643-80925
info@altenahr.de
www.altenahr.de
www.altenahr-ahr.de

Mosellandtouristik GmbH
Kordelweg 1 / 54470 Bernkastel-Knes
Tel.: 06531-97330 / Fax: 06531-973333
info@mosellandtouristik.de
www.mosellandtouristik.de

Tourist-Agentur Bad Bertrich
Kurfürsten Straße 32
56864 Bad Bertrich
Tel.: 02674-932224
Fax: 02674-932220
info@bad-bertich.de
www.bad-bertrich.de

Städtische Kurverwaltung
Bad Münstereifel
Kölner Straße 13
53902 Bad Münstereifel
Tel.: 02253-542244
Fax: 02253-542245
touristinfo@bad-muenstereifel.de
www.bad-muenstereifel.de

Tourismus & Service GmbH Ahr Rhein
Eifel / Klosterstraße 3-5
53507 Marienthal
Tel.: 02641-97730 / Fax: 02641-977372
info@wohlsein365.de
www.wohlsein365.de

Tourist Information Bitburger Land
Im Graben 2 / 54634 Bitburg
Tel.: 06561-94340 / Fax: 06561-943420
info@eifel-direkt.de
www.bitburg.de
www.eifel-direkt.de

Verkehrsämter und Infozentren A-Z

Tourist-Information Brohtal
Kapellenstraße 12 (Rathaus)
56651 Niederzissen
Tel.: 02636-19433 / Fax: 02636-80146
tourist@brohltal.de
www.brohltal.de

Tourist-Information Cochem
Endertplatz 1 / 56812 Cochem
Tel.: 02671-60040
Fax: 02671-600444
info@ferienland-cochem.de
www.cochem.de

Infos zu Dahlem über Verkehrsverein
Oberes Kylltal e. V.
Burgberg 22 / 54589 Stadtkyll
Tel.: 06597-2878 / Fax: 06597-4871
www.dahlem.de

Tourist-Information Daun
Leopold Straße 5 / 54550 Daun
Tel.: 06592-95130 / Fax: 06592-951320
touristinfo@daun.de
www.daun.de

Verkehrsamt Echternach, Luxemburg
Syndicat d'initiative et du tourisme
9-10 Parvis de la Basilique
L-6486 Echternach
Tel., Fax: 00352-720230
info@echternach-tourist.lu
www.echternach-tourist.lu

TW Gerolsteiner Land
Brunnenstraße / 54568 Gerolstein
Tel.: 06591-949910
Fax: 06591-9499119
touristinfo.gerolstein@t-online.de
www.gerolsteiner-land.de

Verkehrsamt der Verbandsgemeinde Irrel
Auf Omesen 2 / 54666 Irrel
Tel.: 06525-79115 / Fax: 06525-79244
eifel@irrel.de
www.irrel.de

Touristinformation Verkehrsverein
Irrel e.V. / Hauptstraße 4 / 54666 Irrel
Tel., Fax: 06525-500
info@tourist-information-irrel.de
www.tourist-information-irrel.de

Urlaubsregion Hillesheim / Vulkan-
eifel e.V. / Graf-Mirbach-Straße 2 /
54576 Hillesheim / Tel.: 06593-809200
Fax: 06593-809201
touristik@hillesheim.de
www.hillesheim.de / www.geopfad.de

Touristinformation Kaisersesch
Bahnhofstraße 47 / 56759 Kaisersesch
Tel.: 02653-99960
Fax: 02653-9996918
tourist@schieferland.de
www.schieferland.de

Touristinformation Kelberg
Dauner Straße 22
53539 Kelberg
Tel.: 02692-87218
Fax: 02692-87239
touristinfo.kelberg@t-online.de
www.vgv-kelberg.de

Tourist-Information Kyllburger Waldeifel
Hochstraße 19 / 54655 Kyllburg
Tel.: 06563-930243 und 244
Fax: 06563-1238
info@ti-kyllburg.de
www.ti-kyllburg.de

Verkehrsverein Lutzerather Höhe
Trierer Straße 36 / 56826 Lutzerath
Tel.: 02677-910033 / Fax: 02677-910034
touristinfo.lutzerath@t-online.de
www.lutzerath.de

Verkehrsamt der Stadt Luxemburg
P. O. Box 181
L-2011 Luxembourg
Tel.: 00352-222809
Fax: 00352-467070
touristinfo@lcto.lu
www.lcto.lu

Touristinfo der Verbandsgemeinde Maifeld
Marktplatz 4 / 56751 Polch
Tel.: 02654-9402120
Fax: 02654-940248
ralph.hiller@maifeld.de
www.maifeld.de

Tourist-Information Manderscheid
Grafenstraße 23 / 54531 Manderscheid
Tel.: 06572-932665 und 921549
Fax: 06572-933521
manderscheid@eifel.de
www.manderscheid.de

Städtisches Verkehrsamt Mayen
Altes Rathaus am Markt
Tel.: 02651-903004
Fax: 02651-903009
touristinfo@mayen.de
www.mayen.de

Rhein-Mosel-Eifel-Touristik,
Tourismuszweckverband
des Landkreises Mayen-Koblenz
Bahnhofstraße 9 / 56068 Koblenz
Tel.: 0261-108419 / Fax: 0261-3002797
info@remet.de
www.mayen-koblenz.de

Tourist-Agentur Mechernich
Bergstraße 1 / 53894 Mechernich
Tel.: 02443-49251 / Fax: 02443-495251
tourist@mechernich.de
www.mechernich.de

Touristinfo der Verbandsgemeinde
Mendig / Marktplatz 3 / 56743 Mendig
Tel.: 02652-98000 / Fax: 02652-980019
vg@mendig.de / www.mendig.de

Monschau-Touristik GmbH
Stadtstraße 16 / 52156 Monschau
Tel.: 02472-80480 / Fax: 02472-4534
touristik@monschau.de
www.monschau.de

Tourist-Information Neuerburger Land
Bitburger-Straße 21 / 54673 Neuerburg
Tel.: 06564-19433 / Fax: 06564-69258
touristik@vg-neuerburg.de
www.vg-neuerburg.de

Tourist-Info Neumagen-Drohn
Tel.: 06507-6555 / Fax: 06507-6550
www.neumagen-drohn.de
www.moselvielfalt.de

Fremdenverkehrsverein Nürburg e.V.
Hauptstraße 34 / 53520 Nürburg
Tel.: 02691-2304 / Fax: 02691-8684
info@nuerburg.de
www.nuerburg.de

Verkehrsämter und Infozentren A-Z

Tourist-Information Oberes Kylltal
Burgberg 22 / 54589 Stadtkyll
Tel.: 06597-2878 / Fax: 06597-4871
touristinfo.obereskylltal@t-online.de
www.obereskylltal.de

Tourist Information Prümer Land
Hahnplatz 1 / 54595 Prüm
Tel.: 06551-505 / Fax: 06551-7640
ti@pruem.de
www.pruem.de

Touristinformation Ruwer
Bahnhofstraße 37a / 54317 Kasel
Tel.: 0651-1701818
Fax: 0651-1709403
touristinfo@ruwer.de
www.ruwer.de

Verkehrs- und Gewerbeverein
Schoenecken e. V.
Wetteldorfer Straße 6
54614 Schoenecken
Tel.: 06553-863 und 1220
www.schoenecken-eifel.de

Rursee Touristik
Franz-Becker-Straße 2
52152 Simmerath
Tel.: 02473-73770 / Fax: 02473-607100
info@rursee.de
www.rursee.de

Kurverwaltung Schleiden/Gemünd
Kurhausstraße 6 / 53937 Schleiden
Tel.: 02444-2011 / Fax: 02444-1641
info@gemuend.de
www.schleiden.de
www.gemuend.de

Tourist-Information der Stadt Trier
An der Porta Nigra / 54290 Trier
Tel.: 0651-978080
Fax: 0651-9780876
info@tit.de
www.trier.de/tourismus

Ferienregion Trierer Land e. V.
Moselstraße 1 / 54308 Langsur
Tel.: 06501-602666
Fax: 06501-605984
info@lux-trier.info
www.lux-trier.info

Verkehrsamt Ulmen
Marktplatz 1 / 56766 Ulmen
Tel.: 02676-409209
Fax: 02676-409500
verkehrsamt.ulmen@lcoc.de
www.ulmen.de

Verkehrsverein Ulmen
Marktplatz 1 / 56766 Ulmen
Tel.: 02676-409152
Fax: 02676-409501
touristinfo@verkehrsverein-ulmen.de
www.verkehrsverein-ulmen.de

Mosel-Eifeltouristik Wittlich
Neustraße 7 / 54516 Wittlich
Tel.: 06571-4086 / Fax: 06571-6417
moseleifel@t-online.de
www.moseleifel-touristik.de

Sach- und Ortsregister

Bildnachweis

Eifeler Seenplatte, Rurseegemeinde Simmerath, S. 10
Schleiden, Touristik Schleidener Tal e.V., S. 24
Der Senfmüller, Csaba Peter Rakoczy, S.135
Mayen, Arnold Binzen, Sehlen, S. 60
Mayen, Arnold Binzen, Sehlen, S. 60
Burg Eltz, Verbandsgemeindeverwaltung Maifeld, S. 60
Schloss Bürrresheim / Laacher See, Tourist-Info Mendig, S. 60
Nürburgring, Verbandsgemeindeverwaltung Vordereifel, Mayen, S. 60
Eifeler Schiefergestein, Prümer Land Tourist-Info, S. 62
Genovevaburg, Arnold Binzen, Sehlen, S. 64
Krötenpaar, Verkehrsamt der Verbandsgemeinde Irrel, S.67
Schloss Bürresheim, Tourist-Info Mendig, S. 69
Laacher See, Tourist-Info Mendig, S. 71
Abteikirche Maria Laach, Tourist-Info Mendig, S. 72
Winterstimmung, Prümer Land Touristik, S. 74
Blick auf Monreal, Tourist-Info Mendig, S. 75
Monreal mit dem Brückenheiligen Nepomuk, Tourist-Info Mendig, S. 76
Burg Eltz, Verbandsgemeindeverwaltung Maifeld, S. 78
Nürburgring, Verbandsgemeindeverwaltung Vordereifel, Mayen, S. 80
Prüm, Prümer Land Tourist-Info, S. 90
Prümer Basilika, Prümer Land Tourist-Info, S. 90
Kronenburg, Verkehrsverein Oberes Kylltal, S. 90
Waldcampingplatz, Prümer Land Tourist-Info, S. 92
Kronenburger See, Verkehrsverein Oberes Kylltal, S. 95
Naturschutzgebiet Wirfttal, Verkehrsverein Oberes Kylltal, S. 96
Mauesefallenmuseum, Eifel Tourismus GmbH, Prüm, S. 102
Ritterburg Manderscheid, Kurverwaltung Manderscheid, S. 102
Glockengießer, Bernd Arnold, S. 135
Bitburger Brauerei, Bernd Arnold, S. 140
Wildschweine, Csaba Peter Rakoczy, S. 140
Burg Ramstein, Verbandsgemeindeverwaltung Vordereifel, Mayen, S. 140
Teufelsschlucht, Verkehrsamt der Verbandsgemeinde Irrel, S. 140
Wasserburg, Arnold Binzen, Sehlen, S. 147
Kloster Himmerod, Zisterzienserkloster Himmerod, Großlittgen, S. 149
Bitburger Brauerei, Bernd Arnold, S. 151
Teufelsschlucht, Eifel Tourismus GmbH, Prüm, S. 152
Ferschweiler Plateau, Eifel Tourismus GmbH, Prüm, S. 153
Teufelsschlucht, Eifel Tourismus GmbH, Prüm, S. 154
Stromschnellen der Prüm, Michael Bengel, S. 157
Weintrauben, Michael Bengel, S. 159
Landschaftsbild, Verkehrsamt der Verbandsgemeinde Irrel, S. 176f.

Alle anderen Abbildungen: Heike Scheerer-Buchmeier und Melanie Merx-Wolters